過去と和解するための哲学

山内志朗

Re-individuation of the past

Shiro Yamauchi

大和書房

はじめに

過去の失敗、過去の事故、過去の判断ミス、そして過去の自分自身、そういったものを取り戻して、もう一度やり直したくなるときがある。思い返して、フラッシュバックが生じて、焦燥と苛立ちが沸き起こり、喉の奥が焼け付き、息苦しくなってくる。

それほどまでに取り戻したくても、過去はやり直すことができない。それはどうしようもない事実だ。

確かに過去の出来事は動かしがたい。心は後悔の嵐に苛《さいな》まれる。なぜあんなことをしてしまったのか、なぜ手を差し伸べなかったのか、なぜ別の道を歩まなかったのか。

心が苦しむばかりではない。過去の結果について責任が問われる。途方もない被害や多くの生命の犠牲が生じた出来事について、責任が問われ、懲罰が科せられ、償いが命じられる。

「もし過去をやり直すことができたら」、「もしタイムマシンがあったら」など、「もし」が心の中で繰り返される。

にもかかわらず、タイムマシンやパラレルワールドは存在しないし、存在してはならない。それらの概念は天国でのヒマつぶしのためにあるにすぎないから。そんなものがあれば、世界の人間の存在の意味も価値もすべて消滅してしまう。そんなものは悪魔のファンタジー、人間たらしにすぎない。

過去をやり直すことができないとしたら、なぜ人はこんなに過去を思い悩み、後悔するのか。無駄に心を苦しめているだけなのだろうか。過去とは現在を苦しめるために存在しているのか。

過去とはいったい何か、いかなるものなのか。

ここで、責める者と責められる者が河の両岸になって非対称的な言葉の矢を放ちあう場面、つまり法的な場面において、過去の出来事の「償い」を奪いとろうとする場面を扱いたいわけではない。人前で大声で他者を責め立て、それを正義と思う人もいる。他者を傷つけることがどうして正義なのか。私はそういう行いに身を染めたいとは思わない。

「償う」とは、過去の状態への復帰が可能でないために、その損害を事物や金銭や行為や懲罰などによって補償することだ。西洋の伝統の中で考える「償い」とは、過去の罪が告解を経て赦《ゆる》され、それで済むというものではない。罪の赦しが完了するのは、その赦しを充足するための行為が実行されることによってだ。だから「償い」は satisfactio とラテン語で語られる。「満足、充足」ということだ。「償い」とは、あくまで充足であり、条件を満足させることなのだ。

「赦し」とは、「私はあなたの罪を赦します」という言葉によって、罪責が消滅するようなことではない。さらに「償い」が必要なのだ。

言葉によって、すべての負の側面が消滅するようなことはない。過去の行為によって、負の出来事が起こったとして、それは等量の正なるものによって補償されなければならない。負債が払われ、不均衡が解消されてこそ、元々あったとされる均衡状態が回復されるわけだ。それが「償い」だ。言葉だけで償いが生じるのではなく、実在的に具体的な事物や金銭や労働の移動があってこそ、償いは完了すると考えたくなる。

過去は償われるものなのか、過去は赦されうるものなのか。

約束や契約の場合であれば、言葉によって義務と契約の関係が実在的に生じる。言葉による約束によって、人は財産を失ったり、普通の生活もままならなくなり、路頭に迷い、不幸のどん底に陥ることもある。だからこそ、言葉は、刃物以上に人を容易に傷つける。

しかし、負債や罪の解消に関して、言葉がすべてを消滅させ、原初状態の汚れなき無垢の状態に還帰することがすぐさま実現するはずもない。出来事の起源はいつも遠くにある。きっと戻ってはならない場所としてある。時間の中に生きることとは旅人であり続けることなのである。

過去の出来事への赦しにおいて、他者は赦しても、自分自身が赦せない場合もある。そのため、夜になると夢の中で自分を責めることもよく起きる。

過去を取り戻す方法や修正する方法を考えたいわけではない。だが、過去は起こってしまったことだから取り返しがつかず、いろいろ苦しんでも意味がない、と考えたくもない。過去について考え直すこと、祈りを捧げること、供養を行うことは、少なくともそういった誤りを再び犯さないための教訓である。

それだけではない。過去は未来のための苦い薬以上のものだ。現在に位置する我々の視線は過去と未来の両方を見ている。だから、過去への眼差しが未来への準備であるということは当然のことなのだ。だから過去への後悔が無駄なものであることにはならない。そしてなお、過去への思いは、未来との関わりなしにも大事なものを蔵《かく》しているように思う。死の直前になって、過去を思い起こすことは未来への準備にならないから意味がない、という功利主義的な物言いに賛成したいとは思わない。

過去に向き合うとは、現状復帰を目指すことや、生じた損害をいかにして補償するか、という視点からのみ考察されることではない。何のために役に立つのかといった発想、功利計算からは逸脱するような枠組みがそこにはあるように思われるのだ。もし「祈り」や「黙祷」を無益な行為だと思うことにためらいを感じるのであれば、ここで過去への関わり方についての、他の道筋も検討することができるかもしれない。

過去への郷愁も後悔も慚愧《ざんき》も、未来との関わりを取り除いても、それ自体で価値があると私は思う。それを「過去との和解」と呼ぼう。

もう少し助走部分を記しておく。精神分析の創始者フロイトは、身近な人を失ったときに、その死を受けとめる過程を「〈喪〉の儀式」と呼んだ。そして四段階を想定した。(1)無感覚、心がなくなり、何も感じられない状態、(2)喪失を否認する状態、もしかしたらどこかに生きているのかもしれない、私が欺《だま》されているのかもしれないと思おうとし、認識のレベルで過去を取り戻そうとする、(3)事実を認識して、絶望と悲哀の状態に入る、(4)喪失を事実として受容し、対象から離脱して、未来に対して歩み始めなければならないと思うようになる。

これは死者との別れのプロセスを心理的なレベルで再構成したものだ。戻ってくることのない死者との別れの儀式こそ、〈喪〉の儀式だ。

しかしながら、対象から離脱し、対象に別れを告げても、対象は記憶の中に保存され、再び意識の中に何度も蘇ってくる。別れを告げたからといって、消えてしまうわけではない。過去の出来事は忘れ去られて、〈喪〉の儀式が終了するのではない。過去と永遠に離別するのではなく、過去と和解することはできないのか。

過去の出来事が言葉と意識において赦され、そして可能であれば償いがなされ、何らかの仕方での取り戻しと回復が図られ、その時点で、過去の出来事によって生じた現在における綻《ほころ》びが修復される。過去が過去として認識され意味が与えられ、過去の出来事そのものを現在の時点から待ち受けられるものとする。それが世迷い言でないとすれば、そして過去の出来事を心の中に住まわせることが可能であれば、過去と和解することも可能であるかもしれない。

この本は過去と和解することが可能かどうか、そしてもし可能であれば、どうすると和解できるのかを思案する本なのである。

過去と和解するための哲学　目次

第五章　過去との和解

第六章　風の倫理学

第一章
過去という暗闇

ありえたかもしれない救済

過去の悲劇を起こらなかったことにはできない。死んでしまった者はいかに取り戻したくても、その記憶がいかに鮮明であっても生きているかの如くであっても、取り戻すことはできない。死んだ者は戻らず、過去も取り戻すことはできない。しかし過去は過去であり、不可逆的だという言葉を繰り返すこと、そしてあきらめることが、時間と付き合うための賢明なやり方なのだろうか。もし過去が取り戻すことができず、受けとめるしかないことであれば、なぜ人間は過去に対して、もがき苦しみ、取り戻すべく抗うのか。

フロイトは、身近な人が亡くなったときに生じる一連の「〈喪〉の儀式」という心的過程を記述した。事実は事実として受け止めるための儀式なのか。「死んだら終わり、後は何もない」、神も仏も天国も何もない、死後は「絶対虚無」だと言って、楽しく生きられるのであれば、そういう人に何か言う必要もない。生きている内だけが天国だから。しかし、過去への慚愧と未来への不安・恐怖に生きている人間にとって、死んだら終わり何もない、それが科学的真理だと述べることは、何を述べようとしているのだろう。死を目前にして絶望するために人生が存在するのではない。人はなぜ生まれてきたのか。

過去もまたいつも救済の対象であってほしい、そう感じる。ありえたかもしれない救済、それが、新海誠『君の名は。』の一つの軸だ。私はそう思う。取り戻せないとしても、ありえたかもしれない救済を考えることは、「祈り」の一つの姿だ。「祈りだって、何の役に立つ？」と小利口なことを語る者はあまりにも多い。事実をいくら積み重ねても幸福も救済も得られないということは、確認するまでもないほど確かな真理である。倫理学は事実に安住しないし、事実に還元しようとする現実迎合型思考とも異なる。

この本で記したいのは、「過去と和解するための哲学」ということだ。それは自分と和解するための哲学でもある。人間は、親元での庇護の生活から離れ、自分探しの旅に出なければならない。「古い自分」と仲違いして、「新しい自分」を見つけ、さらに古い自分と仲直りしなければならない。自分を見つけるとは、自分と仲直りすることなのだ。自分とは、法則や原理や肩書きや能力にとどまるのではなく、古い自分の上に積み重ねられたハビトゥス（心の習慣）の地層のことだと私は思う。

大江健三郎が『個人的な体験』で描いたのは、絶対的絶望状況での「救済のイメージ」だった。救済のイメージが一条の光のように現れ出る劇的な過程だった。それが普遍的な響きをもっていたからこそ、ノーベル文学賞に結びついていたのだろう。主人公は大きな障害を持って生まれた我が子を葬ろうという逃避行の最後に、自分の実存と向き合おうとする。そして、こうつぶやく。「それはぼく自身のためだ。ぼくが逃げまわりつづける男であることを止めるためだ」（大江健三郎『個人的な体験』新潮文庫、一九八一年）。

絶望を乗り越えるための道筋が困難なものであっても、その可能性を描く文学はいつも求められている。宮崎駿の『風の谷のナウシカ』にも、破局からの復興を描く点において、似ているところがある。絶望の後で始まる物語を描いているのだ。事実はいつも事実を超えたところから始まる。

復興のモチーフは文化人類学的には「擬死再生」とも重なる。絶望がすべてを破壊し、心の中を腐らせてしまう破壊力となることを防ぐためには、希望としての光は描かれ続けなければならない。途方もない童話であろうと形而上学であろうと、神話であろうと。そして、宮崎は滅びかかっている人類の救済のイメージとして、ナウシカというキャラクターを美しく作り、描いた。

過去と対話し、和解する倫理学は可能なのか。もちろん、できないと言うことはやさしい。そして過去との和解は安易に語られるべきではない。しかし、「死んだら終わりだ、もう助からない、苦しみたくない、だから私は死ぬ」という発想を、存在を呪うものとして斥けるためには、過去との和解は語りえないとしても、語るしかない。哲学とは語りえないことを語ることに他ならないから。

過去を懐かしがってはならないのかもしれぬ。過去を懐かしがるとき、未来は過去に嫉妬し、未来は自分自身に呪いをかけるから。しかしにもかかわらず、人間は過去への情念に心を向けるとき、功利主義者であることを止めるし、止めなければならない。「役に立たないのになぜ考えるのか」という問いを無邪気に成立させてしまう心の構えは普遍的なものではないのだから。

ジョン・ロールズは『正義論』において、自尊心を社会的基本財の一つ、しかも最も重要な基本財に挙げた。それはとても正しいと思う。心の中にある財産を見出せなくて、何が効用性だというのだ。心の外にしか財物や効用性はないと考える世界は貧しい世界だ。ロールズと同じ方向に思考を進めれば、絶望こそ大きな社会的負債なのである。絶望は気力も健康も倫理的な心もすべて腐らせてしまう。

俺はもうダメだという絶望は社会の負債だ。人間は、さまざまな評価尺度を作ったり、見つけたり、習ったりして、自分が上に立てる評価尺度を見つける。納豆の早食いであれ、蟻の数え方の巧拙であれ、人は何にでも自慢の種を見つけようとする。そして見つけられないと、自分はくだらない人間と思い込もうとする。そういう尺度は、自分より下の人間を見つけて、優越感に浸ろうとするための、安上がりの概念装置だ。

存在そのものはいかなる評価尺度とも相いれない。それが存在の祝福（benedictio）ということだ。そして、自分より下の者を見つけようとすることが、政治性の根源である。自分より下の者は、勝利し、破り、壊すことができるからだ。

未来のことによって心が痛むということはあるとしても、過去の出来事によって痛むほどには痛まない。記憶が、心の痛みとして残る。痛みが起こって消えるまでの時間（速度）、情念が生じる時間、体の傷が治る時間、心の傷が治る時間、いずれにおいても時間が問題となり、時間の中での登場の仕方と消失の仕方は異なる。

体の傷も心の傷も、両方とも血だらけの痛い状態があって、そのうちに血が止まって、痛みが徐々に薄れ、治りかけながら、時々痛み、しかし無理をすれば傷口が開くような状態があって、何やら数日忘れるような日々があって、そのうち気づくと治っているという経過をたどる。

でも、心の傷の方が疼き続けることは多い。傷が「疼く」とはどういうことなのだろう。傷そのものが私を忘れるなと叫んでいるのだろうか。「疼く」こと、そして記憶が「疼く」こと、過去の記憶が「疼く」こと、それらを並べて思考していけないわけはない。

過去とは未来において私たちを待ち受けているものではないのか。いやむしろ、私たちは過去を待ち受けるということを理解し、ハビトゥスにしなければならないのではないか。

夜の倫理学

倫理学は夜に作られる。人びとは太陽の光の下で、明るい理性のもとに倫理学を作ろうとしてきた。しかし、「昼の倫理学」は言葉としては理屈が通っているのだが、人間の心になかなか染み込んでいかない。学ぶ「べし」とは思っても学び「たい」とは思いにくい。だからいつも空中を浮遊したまま、雨に打たれて、地面に落ちて、流れていってしまう。

人々はいつ倫理学を「使う」のだろう。倫理綱領を作るときか、イジメやアカハラやパワハラが起きたときに組織の普段の対策と危機管理を調査するために、倫理綱領が存在するかどうかを検証することで、組織の倫理性を確かめるときなのだろうか。自然災害のときに、首長達が着る「防災服」のように、倫理的な危機が訪れると一時的に着るものが

「倫理」という防災服なのかもしれない。普段はロッカーの奥深くにしまい込んでいて、事があるとおもむろに身につけるもの、それが倫理学の日常的なあり方かもしれない。「昼の倫理学」はしまい込まれがちだ。それが顔を出すとき、人々は顔を背け、敬して遠ざける。体に染み込んで離れることのない倫理学はないのか。

昼が過ぎ、夜が始まると、つまり公共の世界が終わると、「やれやれ」と脱ぎ捨てられてしまうような倫理学ではなく、いくら脱ぎ捨てても、心から離れていかない、強迫観念のようにつきまとうものが「倫理性」のはずだ。規則や規範は心がそれをはじいて斥け、心の表面を上滑りしていく。そして、その付き離れないものは、体臭というより、芳香として体や存在に染み込んだものであってほしい。

確かに、倫理は苦しみをも生む。苦しみも痛みももたらさない倫理とはどんな倫理なのだろう。そもそもありうるのか。夜に人々が寝静まるころ、体の芯に忍び込んだ倫理学が、三尸《さんし》の虫のように目を覚まして、内側で暴れて、宿主を苦しめる。内側に忍び込んだ倫理性に苦しみ、それを糾弾したのが、ミッシェル・フーコーだった。体の芯に忍び込んだものだけが倫理性なのだと私は思う。体から離れないぐらい染み込んでいるものが血肉となって心の習慣にもなる。

宴会や闇の中において、親密圏は夜の時間に形成される。昼の時間は、親密圏が既に出来上がって、侵入不可能なものとして現れているだけだ。親しげに「～ちゃん」と呼ぶのは、自分のテリトリーを明示するマーキングの行為だ。親密性の圏域を拡大することは、友愛や隣人愛や共感や慈悲といった、優しい感情によるのではなく、攻撃性を秘めた侵略なのである。親密性の圏域＝親密圏は勢力範囲を示している。自分の家族も勢力圏であり、そこでは権力的支配や暴力も許容されてきた。水入らずの領域、親密な内面性の領域こそ、もっとも暴力的な領域なのである。優しさと暴力の起源が同一だということに気づかない者はめでたい人だ。そしてその領域はＤＶ（ドメスティックバイオレンス、家庭内暴力）の起源でもある。忌わしいことなのだが、愛と暴力は不可分離の双子なのである。

夜は、呪いや憎悪が肉体に刻み込まれ、染み込んでいく時間でもある。一度受けた屈辱は死ぬまで、いや死んでも忘れてはならない。攻撃性に充ちた人びとの何気ない言葉は刃物のように心を切り刻むからだ。屈辱を忘れない執念は、相手から受けた攻撃性を鏡の如く反射するものであり、その攻撃性の無邪気さがたとえ「笑い」という一見中立的なものに転じようとそこには、どす黒い攻撃性が紛れもなく潜んでいる。

復讐を忘れない心はそれでよい。しかし、復讐すべき相手が消え去っても、その攻撃性は残り、自分自身を苛むようになる。攻撃することを覚えて、味を占めた心は死ぬまで攻撃し続ける。

なぜ人は思い出しても意味の無い過去を思い出してしまうのか。もちろん、死んでしまいたいくらい恥ずかしい過去もいつかは埋もれて忘れ去られる。総てを破壊せずにはいられないほど強いときもある。消え去っていく過去ならば、消えていく前に心を苦しめてから立ち去るのか。取り戻せない過去、胸を掻きむしりたくなるような苦しみ、怒り、憎しみ、呪いが沸き起こる。「オレをいじめたヤツはあいつだ！」。情念の最大瞬間風速はきわめて大きい。それを止めることは難しい。

過去をすべて洗い流してしまえ！　と胸をかきむしるようにもがき苦しんでも、過去が素早く流れていくことはない。消えない過去と自分を責めることは、効用を考えれば無駄だ。いくら考えてもいくら悩んでも過去は取り戻せない。にもかかわらず、人は後悔する。たぶん後悔とは攻撃性の発露なのだ。人の心に拭いがたく宿る攻撃性は、外に攻撃する材料がないと自分を攻撃し始める。心に浮かぶことが過去しかなければ、攻撃するのは自分の過去しかなくなる。

なぜ思い出しても仕方がないことがフラッシュバックで意識に昇ってきてしまうのだろ

う。あれほど謝罪を受けたのに、そして今さらどうしようもないのに、自分でもその時は相手の謝罪を受け入れたつもりだったし、相手も心を入れ替えたのに……。なぜ思い出してしまうのだろう。思い出すたびに涙が流れ、死にたくなってしまうことだから思い出したくないのに。

一八万七千のことを脳は一日に記憶するという。しかしそのほとんどが、過去への後悔と未来への不安なのだという。オブジェクトという幽霊によって頭がいっぱいになっている。過去への後悔と未来への不安から自由にならない限り、眼の前の本に書いてあることも覚えることはできるわけがない。不安も焦燥も怒りも後悔も人間を愚かにし、ぐずにする妖怪なのである。

夜は苦しみの時間だ。過去を後悔しながら死んでいく人は不幸ではないだろうか。死んだら未来がないというのは、神が存在しようと存在しないとしても、必然的真理なのだろうか。

過去の私は敵になる。内面まで知っているが故に、許しがたい敵になる。なぜあなたは私をこんなところにまで追い込んだのか。そんな愚かな判断をすれば、今の私が苦しむのは分かっていたはずじゃない。なぜあなたは判断を間違ったの？　未来の私のことが分かっているはずなのに。それを分からないようにして、判断を誤らせたのは誰？　この隣に寝ている私の連れ合いじゃないのか？　親なのか。神様なのか。私は呪われた存在なのか。

ともかくも、倫理学を「使用する」者は、夜の倫理学によって呪われるのである。

終焉の後にしか始まらない物語

世界が終わった後を描く物語は多い。「エヴァンゲリオン」、「風の谷のナウシカ」、「童夢」。破壊されつくされた荒野、焼け跡と化した大都市、それは「荒野」のイメージなのだろう。荒野に呼ばわる声は何か新しいものがやってくるのを告げ知らせているのだろう。

しかし、なぜ世界が終わった後が描かれるのか。そういう物語で伝えられるのは、終末が来ないように正しく生きなさいという説教なのではない。終末以前の過去のほうがよかったという懐古でもないだろう。では何なのか。死の後に来るものは、無か来世かのいずれかだというのは何を意味しているのか。どこで習ったのか。二つに一つだというのか。終末の後を描く物語が数多く作られ、人々が心を寄せるのは、論理学の基本原理を確認するためではない。事実の中に事実への問いの答えがあると誰から教わったのか。

経験していない未来を描くことはできない。発展進化する未来が絵空事に見えるならば、破壊されつくされたものとして表象されることは何ら奇妙なことではない。しかも、失われたものへの関わり方、いくら泣き叫ぼうと失われたものは戻ってこないことへの絶望か祈りを描いているのかもしれない。戻ってこないものに心を動かされても仕方がないという、功利主義的な頭は未来の物語によって叱り飛ばされる必要があるのだ。

終末の後の物語、到来していない終末の後を描くことは、未来という時間を現在の中に取り込むための文法、いや儀式なのだ。未来を描く人びとは、巫女であり、シャーマンなのだろう。昔は、亀の甲羅や大きな鍋に湯を沸かし未来を占い、現代人は、アニメで未来を占う。これは、未来という表象不可能なものへの心の構え方を表している。

一九六九年に「フランシーヌの場合」という歌がいろいろなところで流れ、心に刻まれた。「フランシーヌの場合は　あまりにもおばかさん　フランシーヌの場合は　あまりにもさびしい　三月三十日の日曜日　パリの朝に　もえたいのちひとつ　フランシーヌ」（詞：いまいずみあきら、曲：郷伍郎、歌：新谷のり子、一九六九年）という歌があった。大ヒットした。三〇歳の女性フランシーヌ・ルコントは、一九六九年三月三〇日に焼身自殺を遂げた。ベトナム戦争やナイジェリア内戦の問題に心を痛め、焼身自殺したとされる。彼女の「人生の意味」はその自殺において燃え尽きたのだろうか。彼女の生命が燃えても、その人生の意味まで燃え尽きてしまったと言うべきなのか。

悲しい歌だった。人生の意味とは何なのだろう。ベトナム戦争やナイジェリア内戦に抗議して、焼身自殺をして、そしてそれが抗議の行動として取り上げられ、その効果があったのかどうか、やがて終戦が訪れる。ベトナム戦争でも、戦争に抗議して、焼身自殺をした僧侶がいた。それはとても正しい行為だ。人生が何かを成し遂げるための時間だと考える人は、戦争に反対して焼身自殺をすることに意味はないと言うだろう。経済的利益を生むことや〈もの〉を作ることだけが価値なのか。物語や詩や概念やメロディーを作ることは価値がないというのか。灰になった後の人間の姿は、何の価値もないというのか。死んだらすべては終わりだと考えて、それがいかなる哲学だというのか。生命の尊厳を語りながら、空爆し続けるのが人間だ。

人が死ねば、葬式をする。葬式とは死者を葬るための単なる儀礼ではない。心の中での、〈喪〉の儀式が行われるためになされる、外的な器なのだ。心の中の気持ちの激しいものは溢れ出る。溢れ出た気持ちを受けとめる器は必要なのだ。そしてそれが、〈喪〉の儀式なのだ。

〈葬〉の作業は忘却ではない。〈葬〉の悲しみを遂行する能力であり、欠如への直面を果たす行為なのだ。欠如を表象化することと言い換えてもよい。表象化するとは、心の中に取り込み、向かい合うことだ。理解や了解や納得にまで行き着かなくても、それを心で向き合えるようなものにしなければ、欠如は、心を圧倒し、破壊し、呑み込んでしまう。欠如や無や死に、心と自分が呑み込まれてしまわないためには、それを心の中に何らかの仕方で取り込み、対象化しなければならない。世界も宇宙も心に取り込まなければならない。この世に起こることが哲学では考えられないことであろうと、心の中において表象化し、取り込めなければ、心は破壊され、残骸となり、欠如によって取り込まれ、食いつくされ、滅んでしまう。〈喪〉の儀式とは、欠如や無や死を取り込む儀式なのである。

生命とは偶有性を取り込み続ける過程なのである。偶有性は、情念や欲望という媒介を通して取り込まれ、ハビトゥスとして定着する。偶有性を取り込む過程には痛みが伴う。本質は過去に属し、偶有性は未来に属しているからだろう。

評価関係の言葉にのみ反応する人がいる。価値の欠如ということが現れる場面だからなのだろう。ちょっとでもけなされると落ち込み、褒められるとすぐ有頂天になる。事実を記述したり、第三者の出来事の記述よりも、自分の行為・性質・作品に関する「評価」の言葉だけが重要なのだ。

良し悪し（善悪）というのは評価の言葉だ。スピノザは、目的という理想・モデルのあり方を否定し、自然の世界に目的などない、という。目的に到達する観点からすると、評価や善悪ということが生じるが、スピノザは、善悪は「理性の有」にすぎないと、一貫して考える。

「理性の有」とは、認識された事物をより容易に記憶に保存し、想像し、説明するのに役立つ思惟《しい》の様態、つまり操作概念であり、精神の内部で使用される限り、思惟に役立ち、実在的なものだが、精神の外部に対応物を探したり、外部に投影すると誤謬《ごびゅう》に陥ってしまう。「理性の有」とは、精神の外部には存在しない、だから「無」だと言うのも愚かしいような、存在者なのである。だから、スピノザが善とは「理性の有」だと述べるとき、それは彼の若い頃からの確信であったのだが、ニヒリズムでもなんでもなくて、善の在処を確かに見定めようとしているのだ。

何か実在しないものと、与えられたものとを比較して、善悪を評価してしまい、そこから様々な情念が生まれ、人を苦しめる。「善悪」は確かに意識において感じられるものだが、それを外界の何らかの規準と比較して評価しようとする心をスピノザは咎める。スピノザは、記述の言葉だけ用いようとする。スピノザは、「記述好き、評価嫌い」なのである。誉められて安心したがる心を叱るのだ。誉められたがる心は奪い取ろうとする心なのである。

「評価好き」の人間は、媚びか恐喝か命令といったように他者に政治的に振る舞う。褒められることを求め、貶《けな》すものを排撃し、評価するものを友とし、集い、同じ価値基準のものだけが仲間であり、それ以外は敵か悪魔と考えるのである。

しかし、スピノザもまた、各々の個物は自らの存在を維持しようと努めるとし、その存在維持の努力を「コナトゥス」と呼んだ。存在の維持は平板な地平においてはなされ得ない。存在の地平は必ず勾配を備え、その勾配を見分けられなければ、ただ滑らかな地平を滑り落ちていくだけである。善悪とは存在の勾配ではないのか。

善悪とは、実在的であるというよりも、存在を与えられたものが生きていくために編み出した、滑らかすぎて留まりようのない地平をザラザラにして、勾配を見抜いて、その地平に留まり足場をおくための条件ではないのか。苦しみも痛みも、天使であればすぐに滑り落ちてしまう地平に留まるための指標・条件なのだ。それを存在の呪いと捉えるのか、存在へのくさび・足場と捉えるのかで道は分かれる。

満員電車と止まった時間

事も無げに回っている毎日の日常生活は、普段の生活の中では何も感じないまま進んでいく。一つの出来事、一連の出来事がその流れを壊してしまうと、その日常は突如回ることを止め、立ちゆかなくなってしまい、取り戻せないものになってしまう。豊かに簡単に手に入っていたものが失われるときに、ありきたりのものの輝きを失って初めて気付いたりする。

時間に追いかけられて生活していると、人生が確実に短くなる。すぐに死んでしまう。時間が人生を追い抜くためなのか。きっと未来に蓄えられていた時間を使い尽くしてしまうからだろう。にもかかわらず、現代の都市生活は時間を浪費し、退屈さに喘いでいる。

満員電車の中の時間はどういう時間なのだろう。満員電車に乗っているとやたらと時間の過ぎるのが遅く感じる。本の読めるスペースがあればよい、しかし朝のラッシュはそれもかなわない。新聞を折りたためば少しは読めるがこれまた窮屈である。音楽を聴くか、うまく座れればゲームをやるかスマホでテレビでも見るかして時間をつぶすこともできる。そういうのは始発駅から座れる人の特権なのだろう。

ぎゅうぎゅうの満員電車で、吊革にも掴まれず、身を縮め、いくつもの頭の隙間に見える窓の外を眺める。なぜ満員電車に長時間苦しめられて通勤しなければならないのか。都会にしか仕事も学校もないように国造りをしてしまった報いが庶民の生活にのしかかってくる。「日本死ね！」と呪詛する人が日本中に充ちても何の不思議もない。

満員電車の中では未来はない。過去もない。現在だけが「今、今、今……」と続いていく感じがする。「今」だけがあって、未来がないとはどういうことか。

未来を奪われた人は刹那に生きるしかない。未来を奪われた人とは、末期ガン患者だけではない。絶望した者こそ、未来を奪われた人だ。事実の中にしか生きられない人も同じではないのか。

夢であればどんな夢でも未来を用意することはできるのか。自分がなれなかったピアニストの夢を子供に達成させようとする親達の姿は様々なところで現れる。彼らの多くは、自分自身の中途半端な努力が夢の挫折につながったと考え、自分がやった以上の努力と練習を子供に課する。ほとんどの場合は、子供の反発と練習の放棄に終わる。親の期待に応えようとして努力し半ばにして、心が砕け散ってしまう場合がある。夢の残骸と廃墟。例外的な少数者が成功する。教育熱心で、良い親であると自分で自分を褒めながら毒を子供にそそぐ「毒親」の列伝が現代ではいろいろなところで紹介され、その弊害が認識されるようになってきた。親の夢を子供に背負わせること、それはいつも呪われた重荷なのである。

子供を親の自己実現のために利用してはいけないのに、それを目指す親は多い。そして少数の例外的成功者が宣伝されて、その弊害が隠されてしまう。

強い酒を飲み、シャウトし、狂ったように踊り続ける若者は、親孝行子供の燃え尽きた姿で、絶望しているから騒ぐのか、未来を忘れるために「今」において騒ぐのか。

こういうことを書くのは、私もまた未来のない時間を過ごしていたからだ。二十歳の頃、留年して大学にもろくに行かないまま、大塚の下宿で、昼はアルバイト、夕方日銭を手に持って、パチンコに行き、スッカラカンになって、コップ酒とカップラーメンを買って、酔いつぶれるまで飲んで、次の日にまたアルバイトに行って、夕方になるとリベンジとばかりまたパチンコに行って、前日と同じことを繰り返す日々が続いていた。頭の中にあるのはパチンコのリベンジばかりで、未来なんかなかった。存在しているのは、「今」におけるパチンコと酒だけだった。

肝臓の調子が悪いせいなのか鉛のように重く感じられる肉体、押しつけると戻らないふくらはぎ、一度割れるとなかなか血の止まらない唇、布団を敷くのも難事業に感じるほどの体の不調の時期があった。

そういうときに住んでいたのが、池袋にほど近い大塚の場末のアパートだった。築三〇年ぐらいの古いアパートで、北西角部屋の一階四畳半で、北向きの窓を開けると三〇センチ先にはコンクリートの壁が一面視界を遮り、さらに逃げ道も奪っていた。西向きにも窓はあったが、ゴミ置き場に面していて、その窓からサンシャイン60が見えて、ビルとビルの隙間から太陽が、日が沈みかける夕方二分ぐらい見えた。それでも、その瞬間的な太陽の光は、田舎から出てきた若者には十分に眩しかった。

換気扇のない、湯沸かしコンロしかおけない流し場の角には一センチほどの穴が開いていて、床下にあった「ゴキブリ・アパート」の玄関になっていた。夜になると多くの住人が出入りして、かさかさゴミ袋あさりを始めていた。ゴキブリだけが友達だった。風も日差しもはいらない、吹き溜まりのような、淀んだ空間は、あらゆるものを腐らせるのに最適の空間だった。心も腐りかけていた。

そのアパートに入ったばかりの頃は、ミカン箱の上に板を載せて机の代わりにしていた。そんな粗末な机の上で読むラテン語の哲学書は、薄暗い部屋の中で輝きを放っていた。読めもしないラテン語の本を何冊も買って、その光に目が眩み、ラテン語で語られる哲学の世界、つまり中世スコラ哲学に踏み込んでいった。いつも憧れと希望を持ちながら踏み込んでいった。いつまでたっても読めるようにはならないのに。

パチンコと酒に明け暮れる生活の中で、なぜ私は腐り果てる食べ物と一緒に腐ってしまわなかったのだろう。きっとスコラ哲学達が私を掬い上げてくれたからなのだろう。

過去の失敗を飽きることなく反復する者は、治りかけた瘡蓋《かさぶた》をいじることによって傷つけ、治りかけては同じことを繰り返し、同一性に固着してしまう。

過去に生き続けてしまう。過去から逃れようとして過去に生き続けてしまう人々は案外多い。年老いてしまえば、そのように苦々しい過去を思い返しながら生きていくしかないのかもしれない。それは、今に生きているというよりも、墓の中で生きていることに似ている。

過去に囚われる者は、心が重くなって、ほんのちょっとしたことでもとても疲れてしまう。私自身、大塚の墓穴のような下宿にいるときも、新潟に就職して、部屋中をゴミ袋だらけにしたときもそうだった。ゴミを捨てに行く、そんなちっぽけな事でも、それを決心するのに逡巡し、決心するのに大きな心的エネルギーを使い、ゴミ袋一つ捨ててきただけで途方もなく疲労を感じた時期があった。

あの心の重み、息苦しくて息苦しくて仕方のない重みとは何だったのだろうか。

記号としての背広

家の中の普段の恰好でその辺を歩くと、子供達から「変なオジサン」と言われるが、ネクタイをしてスーツを着ると、子供達も圧迫感を感じるのか避けて通る。猫も杓子もスーツを着れば社会人として通用するようだ。

スーツには個性がない。スーツとは記号なのだ。記号をまといながら歩いている姿は、もはや人間というよりも、ネクタイとスーツを着た記号なのだ。記号の差異だけが問題となる。大人になるということは、「しばらく見ないうちに、ずいぶん立派な記号にお育ちになりましたね」という言葉と対応するようになっていくことだ。

だから、いかなる記号をまとっているのかが注目され、その記号のランキングで勝負がつけられる。どのブランドが高級で、誰のものより優れていて、誰のものに負けているのか、それだけが問題なのだ。「立派に出世したでしょ」と記号が話しかけてくる。どのブランドのスーツなのか、安物のつるしなのか、どのブランドの腕時計なのか。社会的地位の目盛りが少しでも上がったか下がったかで、評価するための指標とする。

町中到るところ、格付けやランキング合戦が繰り広げられる。合戦のときの武士のように、手柄を立て、武勲を上げるために、街の中で「いざ勝負勝負」と合戦を挑む。「オレは勝った」「私は勝った」とほくそ笑むのが勝負終了の徴《しるし》だ。勝負を分けるのは、笑い声の大きさだったり、腕時計の値段だったり、連れ歩いている恋人の美貌であったり、身長であったり、学歴であったり、年収であったりする。

都会とは、或る人の流れと別の人の流れが次々とすれ違ったり、交錯したり、並んだりする流体の世界だ。人の流れとその流れを構成する人員が、標準規格なのか、以上なのか、以下なのか値踏みがされ、それに応じて対応が変わってくる。記号とはすぐに読み取られなければならないし、すぐに正確に読み取られる標準的記号こそが、「善い記号」である。

現代社会では資本主義という馴致《じゅんち》機構が標準的システムであり、そこでは宣伝を見ることで購入動機を植え付けられるような者が、善い消費者であり、資本主義に適応した存在である。ディズニーランドのCMを見て、ディズニーランドに行きたい願望が沸いて、まよわずにすぐに行動するのが、「善い消費者」「善いメディア享受者」なのである。CMを見て、買いたくなって、買わずにはいられなくなって仕方がなくなること、つまりCMが購入行動のスイッチになっているような人間が、よく馴致された人間なのだ。CMに簡単に欺される人間が増えてこそ、人々の消費行動は予想しやすくなる。CMを見て、「もったいない」と思うような不埒な視聴者はお仕置きをされることになる。何の役に立つのだろうとか、使い道がないから要らないという人は、資本主義の社会の中では、「購入装置」として見た場合には、壊れているか、不良製品である。

購入を促進するためには、購入を娯楽や快楽として錯覚させる方策が採られる。販売と購入は契約であり平等な関係であるのに、非対称性を投影して、購入する方が主人であると思い込んでしまう。「お客様は神様だ」とはよく言われる。売る方もそこまで購入者を持ち上げる。客の方がエライと思い込んでしまう。

「お金をわざわざ払って買ってあげてやる」思いがクレーマーを作り上げる。「わざわざ店にまで来て、お金を払って買ってあげて、使ってやっているのに、この商品は使えない」と思うのである。商品を買って、恩を売るのである。したがって、究極のクレーマーは、代金を払わずに、タダで使いながら、商品と恩との等価交換を行い、「お金ももらわず、ただで使ってあげているのに」、と文句を言う人物のはずである。

ただ、そういった価値の非対称的交換を目指す純粋消費の時代は終わりつつあるように思われる。CMで人間の心が躍り消費に逸る時代は終わったようだ。情報の荒波で擦られている内に心の皮は肥厚して何も感じないものとなってしまう。多くの量を激しく強く伝えれば良いという法則に対抗して、心は強かにも、反応を停止して、自ら防御策をとる。


需要と供給、生産と出荷、販売と消費といった関係を支配する法則に抗う流れがあってもよいのだが、古来そういうものは嫌われてきたように思う。法則や規則に従順な人間こそ、卸しやすいのである。それに抗おうとする者は、困り者である。

自分で規則を立てることができて、間違わない人間がいたら、そういう存在者を救済する必要はない。勝手に自分で自分を救済していればよいのである。初期キリスト教の時代に、ペラギウス主義が徹底的に断罪された。ペラギウス主義とは、五世紀初頭、アウグスティヌスが活躍していた頃ペラギウスが主張した立場のことだ。自由意志によって律法を遵守することで救済に到達することができると考えたのである。一見すれば、ストア派を踏まえ、合理的な倫理思想のように見えるが、原罪思想や十字架のキリストの贖罪を破壊するものとして徹底的にアウグスティヌスによって忌み嫌われた。後に「ペラギウス主義」は相手を罵るための、悪魔的な教義というニュアンスを持つようになった。

キリスト教の正統カトリックに従うと、ペラギウス主義の誤りとは、人間に自由があると妄想したところにある。ペラギウス主義を徹底的に断罪し、少なくとも西欧社会においては存続できないまでに殲滅の限りを尽くしたのは、原罪の徹底的罪悪とそれを凌駕する十字架の栄光とを、教会の基本軸にしようという確信があったからだろう。西欧の結婚制度や家族のあり方や欲望の捉え方など、多くの側面において重すぎる影響を及ぼすことになるとは予想しなかったのかもしれない。

自由というのは、人間の尊厳と栄光の徴でありながら、人間の心と体をジリジリと灼き、苦しめるものだと思う。覚醒剤中毒やギャンブル依存やニコチン中毒やアルコール依存症などを見ていると、人間に自律的な自由意志があるというのは、「ずいぶん上品な環境にお育ちになったんですね」と嫌みを言わずにはいられない。

一三三一年、京都で疫病が流行った。知恩寺八世善阿空円《ぜんあくうえん》が、七日間念仏を百万遍唱えて、都で流行っていた疫病を退散させた。江戸時代に光明真言（怨霊退散に有効な呪文）を百万遍唱えた成就記念の石碑を見たこともある。呪文は意味を伝えるためではなく、反復によって強度を伝え、強度の昂進によって出来事を成立させる。伝えるべきメッセージを持たず、しかも音が伝えないながらも、反復を続けることで、出来事を成立させ、意味を表すというのは、過去の出来事へ向かう場合も忘れてはならない点である。

過去の出来事は反復できない。それを繰り返し語っても過去は何も変わらない。メッセージとして何かを伝えるとしてもそれは変化を引き起こすために、メッセージが伝えられるということはない。伝えられても何も生じない。

過去の記憶が何度も何度も立ち現れるとき、それは出来事そのものが、自分の〈声〉が聴かれることを望んでいるのかもしれない。百万遍の呪文を語るとき、呪文を語っているのは、人間ではなく、阿弥陀様が人間の舌を使って語っていると表象される。人間が行為の主体であるとか自由であるという発想は、現代では当然と見なされているが、決して自明のことではない。

念仏も言葉であり、記号だ。しかし、空也上人の立像に、念仏を唱える口から六体の阿弥陀仏が現れたという言い伝えを形にしたものがある（空也上人立像、康勝作、六波羅蜜寺蔵）。南無阿弥陀仏という六字の名号があまりにもありがたく、人々の心に染みいり、言葉の一つ一つが仏となって現れていると表象されたように、記号もまた記号以上のものとなることがある。言葉が何度も何度も繰り返されるとき、そこには言葉以上の何かが現れてくるのである。

反復は、記号作用において現れる何かを伝えるという意味の働きが破壊されて、意味によって覆い隠されていたものが露見して、こちらの側に迫ってくることだ。記号もまた受肉させる力を有しているのである。

心の中の暗い闇

憎たらしい奴を呪い殺すことができたらなんて素晴らしいのだろうと人びとは願ってきた。呪術の中では呪殺することが重要な祈願となっていた。『エコエコアザラク』『デスノート』などなど、呪い殺すことがテーマとなったマンガも多い。丑の刻参りは、ことに有名である。橋姫の丑《うし》の刻参りの様子はなかなかに恐ろしい。

橋姫は嫉妬深い鬼女・女神であり、祟りをもたらすものとして恐れられていた。嫉妬に取りつかれた女性が、貴船神社に籠った後に、お告げで呪殺の方法として教わったのが、宇治川で深更に行う丑三つの刻参りだったのである。そこにできた橋は橋姫の祀られる場所となったという。

丑の刻参りの橋姫は、長い髪を五つに分け、五つの角にしたて、五本脚の五徳（＝鉄《かな》輪《わ》）を逆さにして頭に被り、その三本の脚に松明《たいまつ》を点し、衣も顔も赤く塗り込めたという。口にも火の付いた松明を加えて、鬼になったという。嫉む相手を呪い殺し、その親類縁者までを呪い殺したという。そして、渡辺綱に二の腕を切られ、安倍晴明に封印されたというのだから、祟り呪う力としては第一級品であり、そのような力を手に入れたいと思う者が陸続と出てきたとしても不思議なことではない。今でも憧れる人は多いはずだ。

呪う気持ちが減らないとしてもそれは不思議なことではない。武力や体力や経済力で勝る者が弱い者を苦しめてきた。身売り、子殺し、心中など昔から数知れないから。だが、江戸時代の飢饉の時の陰惨な歴史が漂う墓地でも、吹く風は陰々滅々たる気配があまりない。

生きている人間が呪いの風を吹き起こすことができる。学校などでいじめられると、口で言い返す、つまり力における対応力を示すとイジメは止むと言われる。国際的な場面で軍事力への圧迫に同じような対抗手段が用いられるのは、人生で必要なことはすべて小学校で習った、ということを示すためなのかもしれない。

イジメへの対抗手段を行動に表せない者は、心の中で呪いと攻撃性を募らせてしまう。それが「丑の刻参り」という表象なのだろう。呪う者にとって憧れの表象なのだ。そして、呪い殺すマンガが常に一定の読者を確保することになる。「丑の刻参り」がほんの少しでも効果的だったら、そしてそれを応用できれば、この世から悪や悪人は減るのかもしれない。いや、相互呪殺の応酬で、歯止めなき呪いの海が出来上がるだろう。

呪いとは不可能性への祈りであって、そこで人間は主人公ではない。人間は呪いを完遂することはできないから。過去を取り戻すことができないように、他人を呪い殺すことはできない。

恨みと妬みの心がブスブスと燃え続け、夜も眠れないときにどうすればよいのだろう。神社の大きな杉の木に五寸釘が残っているのを見たことはないが、よく探せば打ち付けた跡ならば見つかるかもしれない。呪いのレジェンドを思い浮かべて、人は心の圧力を少し下げることができる。

「人を呪わば穴二つ」という。「呪う」という字は「兕」と、つまり「穴」二つと「人」を書くのが本来の字であるから、「人を呪わば穴二つ」というのは、字の書き方を教えるためのものかもしれないが、難しい字ではないから、どうも呪うということの意味が込められているらしい。

穴が二つとは、相手が埋まる穴と、もう一つは自分が埋まる穴である。呪いは相手にかかると同時に、自分にもかかってくる。自分は死んでもよいから、相手を呪い殺したいという恨みと妬みが籠もっている。死んでも燃え続けられる呪いの心を持ちたいと呪う者は祈願する。

ほんのちょっとした違いでも、人を殺意に駆り立てる。怒ると胃が痛くなる、後悔すると消化が悪くなる。

眠れない時間において、人は心の中で丑の刻参りを始めてしまう。眠れない時間が呪いと恨みと幽霊を育てる。ところが、時間の管理分担範囲で考えると、丑三つ時は、真昼の反対で神々が集う時間だ。幽霊が出られる余地はあまりない。丑三つ時は神にとって真昼の時間だから。

幽霊に相応《ふさわ》しいのは、神にも人間にも帰属しない、朝方のまだ暗い時間〈かわたれどき〉の方だ。眠れないまま、起きるわけにも行かず、頭も働かず、眠さと不愉快さの中でなぜこんな苦しみを味わうのか、これもあいつのせいだと、幽霊を育てる時間だ。

眠れないときに、なぜ私は眠れないのかを悩むとき、眠れないことはなんごとかへの罰ではないのか、そう思えてくる。私は何か悪いことをしたのかもしれない、その悪いことは何か、悪いことを探す嫌疑の心、過去への後悔、罰を受ける苦しみ、〈私〉は布団の中でその苦しみの塊になってしまう。

　過去は取り戻せない。しかし、そうなると、過去に対する救済は論理的にあり得ない、ということだけなのか。では、〈ありえたかもしれない救済〉とは何を意味するのか。

　３・１１、東日本大震災のときの犠牲に対して、我々は現在に立ちつつ、過去に進んでいき、それを修復することはできないのだが、それをもの語り、〈ありえたかもしれない救済〉を語るのはいかなる行為なのか。それは「祈り」だ。祈りは未来に向けられるばかりでなく、過去にも向けられる。

　過去の出来事を、表象として心で受けとめられる、受けとめられなくても、「祈り」の対象とすることができるためには、名前とイメージが必要だ。名前は、何らかの観世音菩薩であっても、「絆」でも「ほんたうのしあはせ」（宮沢賢治）であってもよい。名前とイメージが与えられなければ、祈りを捧げることもできない。それを「表象可能性」と呼ぼう。いや、表象可能でなくてもよい。「オン　アボキャ　ベイロシャノウ　マカボダラマニ　ハンドマ　ジンバラ　ハラバリタヤ　ウン」と光明真言を唱えるだけでもよい。そのとき、心はそれを扱うことができる。操作可能性が与えられるのである。

　表象可能性や操作可能性を与えられない過去の出来事は、幽霊や魑魅魍魎《ちみもうりょう》として夜になると何度も激しく現れ、心を噛みちぎる。

どうしようもない感情のままではなく、それを表現するのか、操作するのか、制御するのか、消去するのか、表象可能性を与えなければ、それは恐ろしい怪物のままにとどまる。

妖怪や怪物や幽霊は表象可能性のあり方なのだ。子供の世界がそういったものに取り巻かれているのは、世界との関わり方の姿を現している。そして、妖怪や怪物や幽霊も何一つ住んでいない世界は寂しい世界だ。人間もそこに住むことはできない。

第二章

双子としての過去と未来

未来下手

人間は未来を考えることが苦手だ。過去を振り返って、過去の映像を反転させたり、反復を目指してそのまま投影したり、過去を少し加工して、未来を表象しようとする。しかし、未来と過去とは時間として全く非対称的である。しかし、人間は過去と未来とを同時に見つめることでしか生きていくことはできない。

ところが、未来への顔と過去への顔は全く異なっている。ギリシアのヤヌスの双面神において、二つの顔は相似ていたが、人間が過去と未来を見つめる顔は異なったものとしてある。

親は子供に、好きなことをすればよい、やりたいことをしなさいと言う。しかし、やりたいことなんてない。親は自分がやれなかったことを子供に押しつけようとするか、押しつけないまでも、心の中でブスブスと生焼けのままくすぶっている煙を嗅いでいるとそういう夢が窓から入ってきて、心の部屋に染みついてしまう。

いつのまにか時間だけが過ぎていって、大人になってしまい、自分の夢をどこかに置き忘れてきたような感覚が抜けなくて、毎晩、眠りの中でその「夢」を探しに出てしまう。

夢の中で後悔するというのは後出しじゃんけんではないのか。そんなことをしたら皆から怒られるに決まっている。未来に見る「夢」と眠りの中で見る「夢」、全然違っているものなのに、なぜ同じ名前で呼ばれるのだろうか。

子への因果を課す親も少なくない。自分が果たせなかった夢を呪いとして、子供や生徒に課すことはよいことなのか。時には例外的に金メダリストや名バイオリニストが生まれることはある。しかしそれは例外中の例外だ。夢とは自分で見るものであって、夢を呪いとして他者に課すことはよいのか。

実現できない夢なんか追いかけるな！　未来にも眠りにおいても夢なんか見るな！　夢を持つな！　鬼として生き延びるだけだ。人間は鬼になるべく、生まれたのではない。鬼になった者は成仏する方法を知らなければ鬼のまま死ぬ。

他者に夢を託して、自分自身をその夢のために犠牲にする、そしてその夢を実現するためには、自分以外にその夢を担う他者を必要とし、その他者を夢の実現という事業に巻き込み、そこから離れられないようにしなければならない。その他者は夢を孵化させるために、寄生の宿主になる。

夢を実現するために、自分自身が夢にとりつかれ、夢に食い尽くされ、しかし自分だけでは足りなくて、夢を担い、夢に寄生される犠牲をも必要とする。「夢を実現するためには、何かを犠牲にしなければならないんだ」と人は説く。その場合、人間や人生は夢の犠牲なのだ。未来によって、それに先立つ時間がすべて食い尽くされてしまい、未来への供物となってしまうとき、時間の持っている時間性は失われてしまう。過去や現在は、未来「のため」に存在しているのではない。過去は過去として存在し、現在は現在として存在し、未来は未来として存在している。

人生の意味を論じる場合、未来の方向ばかり見ていると、議論は単調になる。夢と目標と目的をもって前向きに努力することが歩み方として考えられる。しかし、未来への道のりは、ステキにつまずけるような小石ばかりでなく、ぬかるみや落とし穴に満ちた通り道だ。人生の未来は「死」だ。人間は死ぬために生きるのではない。未来の夢というあり方が、目的のあり方をすべて回収してしまっているのではない。

人生は何のためにあるのか。お前は人生で何をしたいのか。人生の目標を何か定めて、人生をそのパッケージに詰め込んで、ピアニストの人生とか、小説家の人生という名前とラベルを貼り、陳列棚に収めたがる人がいる。戦争の中で突然命を奪われた、何億人もの生命は、天国に行くための十分条件を準備できず、中途半端なまま地獄か煉獄に行ったと考えるのだろうか。目的に到達したかを評価する結果主義が正しいのか。もし結果が全てだとすれば、絶対失敗しないように、死ぬことを人生の目標にする生き方を勧める教祖が求められているのか。平和な世の中に生まれ、グダグダ文句を言って、最近のテレビはクダランとかどうでもよい不平を言いながら、いつか意識がなくなって人は死んでいくだけなのだろうか。

いや、死んでいくのである。そして、死んだ者を葬式で責める者は鬼よりも残酷だろう。理想を追い求めて生きる、そんな贅沢なことは、それが人生への贈り物でないとすれば、どうして許されるのだろう。金儲けを考え、楽しいことを求め、異性にもてることや勝負に勝つことばかり考えている人を覇気がある人と言うけれど、何を意味するのか。

人生は何か楽しいことを達成するためにあると考える人がいる。幸福になることが目標だと考える人もいる。

昔から、人生は修行の場と考えられてきた。それで何がまずいのか。仏やイエスに似たものとなるために存在するのであって、人生は楽しむための期間とは考えられなかった。いくら歓楽の限りを尽くしても、程度はたかが知れており、そのような生活を続けていれば、財産が破産するし、健康も害するし、何よりも、楽しいよりも苦痛になってくる。

快楽や楽しみのために、人生を過ごすというのは、自己中心的かもしれないが、分かりやすい生き方だ。しかし、そういう快楽主義的生き方の人は、大多数を占めることはないだろう。そんな経済的余裕はないということもあるし、快楽を満喫し続けるほどの健康も維持できないということもある。

勝ち負けにこだわる人生もある。勝ち負けというと、直接的だが、人様に対して恥ずかしくない、世間なみ、実は世間よりちょっと上のランクを目指すというのも、勝利者としての位置を目指す生き方だ。こちらの人の方が多いだろう。人前で披露して恥ずかしくない家柄や学歴にこだわるというのもそうだ。意気地と言ってもよいのだろう。

人生、勝ち続けることはできないから、負けてくやしいと思いつつも死ぬと勝負ができなくなってしまうから、その時点で敗北者に転じることになりそうだ。

勝ち負けにこだわる人間の境涯を愚かと思っても、そういう人間としての生き方しか、この世を生きる人間には与えられていない。仏やイエスや「デクノボウ」のように生きることを常に目指しながらも到達することもできず、近づきながら決してそうではないという中途半端の中で生き続けるしかない。いかに中途半端なままであろうとも、そのことが人間としての条件なのであるし、そこにこそ生きている価値がある。「雨ニモマケズ」生きたいけれど、そういう人になりたいと思いながら、なれないのが人間なのである。そしてまた成し遂げない光輝の中に尊厳は宿る。

こなごなに壊れた未来

若い頃、開かれた未来と無数の夢があった。今の若者がどうかは知らない。ともかくも私が若い頃、未来はバラ色のものとして描かれていた。胸のときめきをもって、未来を見ることができた。たどり着いた未来はバラ色でも何でもなかった。どんな未来でもバラ色に見えるほど、現実が貧しかっただけだったのかもしれない。

今では格差が広がり、名門大学への登り道に加わるには、若い頃から親がかりか、努力によって途中からか、どこかで割り込むしかない。ヘリコプターで一挙に頂上に降り立つことができるのは、かなりの資産と地位と権力がなければ無理だ。

そういったコネもなく、高みに立つこともかなわず、毎日朝から、平民として大勢で平地巡りをするような現代生活の中にいる限り、心が躍ることは少ない。そのうち、盗撮にしか心が躍らなくなってしまったり、百均でちっぽけなものを万引きすることにしか刺激を感じられなくなる人間も出てくる。古本屋での万引き、ちょっとしたイジメ、ピンポンダッシュ、塀へのいたずら書き、そんなことだけがときめきの機会になってしまう。岡崎京子は『リバーズ・エッジ』や他の作品において、そういった平坦で、ときめきのない、閉塞感だらけの毎日を生きる若者を描いた。多摩川の河原のくさむら、友達をいじめて憂さを晴らす子供達。

いや昔だって、タバコを吸ったり、シンナーをやったり、悪いことをして緊張感を味わって、楽しむ高校生はたくさんいた。貧乏と退屈からの脱出こそ、人間が歴史を通じて求めてきたことだ。

コンビニでたわいないものを万引きする子供達はスリル感を求めているのだろう。案外簡単に万引きできて、たとえ店員が気付いても、バイト意識の店員は知らんぷりをするし、経営者がレジにいるときは、常連のお客さんの場合には、馴染みのお客さんや評判を失いたくないから、見て見ぬふりをしてくれる。

どきどきするスリル感も、いつのまにか失われて、いつものルーティーンとなってしまって、警察に通報され、日常性は大きく変わってしまう。そんなことも経験して痛い目を見ないと分からない子供達もいる。想像力が欠けていると彼らを責める人も多い。しかし、事実を超えている次元を見る能力である想像力を彼らから奪ったのは誰か。

大人だって同じなのだろう。盗撮してスリル感を味わい、成功した経験を何度か持った者は慣れてしまうとスリル感も薄れ、さらなる緊張とスリル感を求めて、盗撮の度合いを深めていく。これを昔から「病膏肓《こうこう》に入る」というのだが、存在のときめきを「リアルな感じ」として、アドレナリンが提供する緊張と興奮の状態にそれを求めて繰り返す人間は、条件反射がすり込まれた動物のようだ。

ときめくところとは、世界との絆のありかである。世界の絆の場所を探すセンサーが、ときめく心である。ときめくことのできない心は、世界の中で自分がどこにいるのか確かめることはできない。

欲望が向けられ、そこに欲望を喚起する対象が構成されるとき、心がエネルギーを注入するあり方を、フロイトは「備給」と呼んだ。性的な対象とは、備給が十分に向けられ、そこに欲望を喚起する対象が構成され、それを識別し、認識するメカニズムが準備され、その人の生活がそういう対象の獲得に向けて組織されるときに完成する。フェティシズムに陥った者は、ブーツであれ、衣服であれ、そういう対象に固着するようになる。

フロイトが備給と呼ぶ場合、彼は性的な欲望の備給を主に考えていた。しかし、その構造は万引きにも、様々なマニアにも当てはまる。路傍の小石のなかで、世界に唯一無二の小石を探して、一生をその追求に当てる「風狂」の人は、対象から安直な満足を求めようとしない点で、「純粋備給」の人なのである。備給によって対象を構成する技術を身につけるのは、簡単なことではない。性的な場面では、その対象は「恥ずかしい場所」として教育伝授される。片や、存在概念に備給を集中する者は形而上学者と言われる。備給を行わないで、のっぺらぼうの世界と関わることはできない。

存在論的に考えれば、肉体のすべての部分はすべてが固有の機能を有し、個体の生命維持や種の生命に貢献している。恥ずかしい場所も立派な場所もない。身分の上下もない。そこに恥ずかしい隠すべき場所を教えられる。人間の身体の中に、価値的な濃淡のある地図を投影し、その地図によって行動するように教え、それを「文明」と呼んできた。

原罪が、人祖によって犯されたのではなく、善のみならず、悪を世界と身体に配置し、それを秩序づけるための図式を作る必要があったのだ。悪は始めから世界に要請されていたのである。世界の創造と同時に倫理学が必要なのには、そういう背景がある。人間に本源的悪を認めず、除去可能であると考える立場、悪が存在しない世界を夢見る者は天使的倫理学の徒なのである。

ときめきのない人生は苦しくつらい。ギャンブル、カジノ、覚醒剤（薬物）でときめきを得て何になるのか。精神の高揚と、うまくいった場合の達成感にはまってしまって、そこから抜けられなくなる人も少なくない。盗撮の緊張と高揚と達成感に夢中になってしまい、逮捕される人の話もよく見聞きする。それが学校の先生だったりすると、何を考えているのかと、がっかりする。

「こんなことができないと試験に落ちるぞ！」と脅しながら、恐怖感を煽りながら、力を出させる方法を「アドレナリン系倫理学」と呼ぼう。アドレナリン系倫理学の特徴は、怒ることや脅すことによって、恐怖心を高め、即時的な対応を起動させるために、アドレナリンを大量に分泌せられることで、危機的状態にあることを植え付け、普段以上の力を出せる方法である。一〇の力を一五の力で発揮させる方法なのである。

しかし、当然のことながらそういう脅し型鼓舞方法は休みなく繰り返されると無理がかかり、長持ちはしない。疲弊して反応しなくなってくると、さらにがんばらせるために、竹刀やらビール瓶やらヌンチャクやらが使われる。刃物マニアや武器マニアや金属系武具マニアは、恐怖心を高め、自己防衛に役立ちそうなアクセサリーを好むが、あれはアドレナリン系環境の中で育てられているのではないかと勘ぐってしまう。

復讐や嫁いびりや新人イジメに頭を働かせる者は、退屈しないでも済む。燃え尽きてしまって、何ものにも張り合いもやる気も失った人間にとって、妄想においてであれ、生気を取り戻すためには、暴力と攻撃性がカンフル剤になる。そして戦争中といった、長期に及ぶ緊張状態の中では、心はマヒして、ほとんど何も感じなくなり、暴力ぐらいには反応するという鈍感さを身につけるようになる。

人生が退屈だと感じる人は、興奮、緊張、高揚、刺激、達成感をもとめて、薬物であれ盗撮であれ万引きであれ不倫であれ、胸のときめくことを求める。

胸のときめきは、急激な落差が存在して、そこを飛翔・急上昇する場合も、急降下・墜落していく場合にも感じられる。夢を見られなくなった時代は、落下していくときにしか興奮を感じられなくなったということなのか。遊園地の絶叫マシーンで墜落感を味わうか、万引きで墜落感を味わうのか、そこにしか興奮が感じられない時代はどういう時代なのか、気になって仕方がない。

空気を読むな！

「空気を読め！」という合い言葉のもとにＫＹ狩りが行われたことがある。「あいつは空気が読めないから使えない」、そんなセリフをいうオジサンがずいぶんいた。周りの空気を読むことが世間を泳いでいくのに必須の能力だというのだ。「空気」とは結局のところ、権力の配置関係を察知して、一番偉い人には一番、二番目に偉い人には二番と、対応を割り振っていく能力だ。「気配り」が人間関係の秘訣とされることも多いが、それは権力の配置を読み取って、戦陣を形成することに他ならない。

権力の有無、その上下関係の見分け方はそれ程難しくはないが、新人がやってくると、先輩風を吹かせる季節がやってきたとばかり、「君はまだ分かっていないね」とお説教をする教育担当になり、自分のポジションを自慢する中間職位の人が必ずどこにでもいる。

中間職位のヒエラルキーを学んで、聖徳太子の設定した「冠位十二階」と同様に、官位ごとへの挨拶の仕方を教えてくれる人がいるということだ。空気も官位も宮中の儀礼も(『禁秘抄《きんぴしょう》』)そういった官位に即した対応方法の規則集である。

そういった官位制度に乗れない者がイジメの対象になってしまう。「空気狩り」と言ってもよいのだが、そういうものがイジメ培養液になっていることはあまり強調されないようだ。

酒場のオジサン達はKY狩りの猟師達だ。「最近の若者は空気が読めないんだよな」とKY狩りに夢中になる人々が昔たくさん存在していたような気がする。KY狩りをすることが「大人」の徴であるかのごとく、「最近の若者は懦弱《だじゃく》だ」と昔自分が若者だったことを忘れて、大人ぶることが、酒の格好のつまみであることを覚えて、そこに淫する人はいつの世にも絶えない。確かに、昔の自分を棚に上げて批判の対象の圏域外において、ストレスと憂さを晴らすために他人を中傷し放題というのは、少ないつまみで酒がたくさん飲めるから自分の精神的食事上は(肉体健康上にどうかは知らないが)コスパの高い方法である。

「若い人間は空気読めないんだよな」とのたまうオジサンには、AI空気清浄機でもプレゼントするのが良い方法だ。ＡＩ空気清浄機ならば、いろんな「空気」があることを学習して、それを送り込んでくれたり、また「空気」もまたハビトゥスであって、学習されるしかない、しかも時間をかけて学習されるものであることを、教えることができるかもしれない。ともかくも、「空気を読め！」という本人が周りから「あの人こそ空気読めないんだよな」と言われていることも知らずにいることも多かった。なお、ＡＩ空気清浄機が出来上がったら、「空気読むモード」と「空気読まないモード」の選択ができるようにしてほしいと思う。

話を戻す。権力の配置と分布に関する地図を構成できる能力が「空気を読む」ということだ。その場合、自分の地位に関する安定した了解がないと人的布置は見定めにくい。これは決定的に大事なことだ。自分の位置を知ること、つまり一種の自信がなければ権力測定はできない。若い人や新人が空気を読むのに苦労するのは、空気を読む技術が未熟ということもあるのだが、ポジションが定まっていないために、測るための水準点がないことによるのだ。安定した地点を用意できない上司はよい上司ではない。

「空気」は単なる権力の布置の実地計測ということではない。或る遺跡の正確に経緯度と高度を測るためには、測る者自身の経緯度と高度を知らなければならない。そのためには、三角点と計測者の空間関係を調べる必要がある。「空気」を読むためには、読む者が自分の地位と場所を測らねばならない。自分の地位の分からない若者が空気を読めないのは当たり前であり、もし自分の場所を知らずして、「空気」を読めたらそれこそ、ア・プリオリなKYなのである。

空気とは無言の同調圧力であり、イジメの構図と根が同じである。「空気が分からなくて困るよ」というのは、無言で弱者をいじめる構図を、子供や若者に教え込んでいるのだ。同調とは仲間の意見に合わせることだ。仲間の考えが明示されている場合には同調しやすい。仲間の見解は、「ハラ」を割って話す場面で、つまり宴会や飲み会で形成されるから、そこに参加していない人には知らされず、その上で見解を明示しない上での同調圧力がかかり、宴会と飲み会こそ「空気周知徹底装置」だから、そこに出ていない人は、空気が分からないままだ。

日本とは同調圧力の王国である。皆の顔色を窺い、他の人と違うようなことを忌み嫌い、目立つことをする者を排除する。国際化などと言いながら、「同調圧力」を理解し体得しない人間はちゃんと排除するようになっている。日本のお祭りが同調圧力の爆発的祝典であることは、日本人として引き受けるべき運命だと私は思う。もちろんこれこそ日本が急速に近代化することができた要因の一つだと思う。

そういった日本的特性を取り出さないで、西洋式の合意形成やディベートの仕方や討議倫理を導入しても根付くかどうか疑問である。

日本の小学校では、「忖度《そんたく》計算」の練習ドリルが渡されているのではないかと思えるほどだ。それだけ子供のうちから徹底的に同調することを共同生活の中で叩き込まれる。正論を語る人は革命期や激動期には必要だが、普通のときには困り者となることは多い。にもかかわらず、高い理念を持った政治家と官僚が或る程度社会の中枢部に力強く存在していない社会は衰えていく。忖度度の向上は日本の国力を高めるとは限らない。現代の日本のように。高い理念を学ぶ機会はどこにあるのか。


存在は祝福されてこそ、自分の位置を定めることができる。鬱や統合失調症は自分の位置を定められない。しかし自尊心もまた社会的基本財として、重要なものだ。この一見すると折り合わない両者を折り合うようにしなければならない。

自信を持つこと自体が能力を高め、成果を生み出し、自信につながり、さらに能力を高める。自信を失うと、能力が下がり、失敗して、さらに自信を失う。自信と自尊心とは、若い頃は親や友や師から与えられるが、それを自分で自分自身に与えることが「自助」ということだ。自己卑下は得意でも、自尊心の苦手な人は多い。簡単ではない課題がそこにある。

お岩さんの祟り

子供（小学生）の頃、『東海道四谷怪談』に出てくる「お岩さん」は恐ろしい存在だった。だが気になって仕方がなかった。恐ろしさのあまり、東京に行ったらお参りしないといけないとずっと思っていた。恐怖の対象というよりは、恐怖の概念図式としてあったのだと思う。恐怖ということの根底に常に「お岩さん」が控えていて、恐怖の感情をいつも送り届けているような気がする。ただ、心惹かれるところがあったから、一種のヒーロー・英雄として考えていた。

いうまでもなく、幽霊よりも生きている人間の方がずっと恐ろしい。しかも愚か者で嫉妬深く自分の利益ばかり考える。年を取れば取るほどその思いは強くなる。死が近づけば、幽霊はもし存在すれば存在してほしい、とても近しい存在だ。

現在、お岩の墓は妙行寺（豊島区西巣鴨）にあり、その脇の通りは「お岩通り」と呼ばれている。この妙行寺はもともと四谷鮫河橋（新宿区）にあり、明治時代にこの地に移ってきたという。

現在、新宿区左門町には「於岩稲荷」がある。江戸時代初期、四谷左門町で御家人田宮又左衛門の娘お岩は、田宮伊右衛門と夫婦で、お岩は貧しいが故に商家に住み込みの奉公に出た。お岩は早く一緒に夫と住みたいと思い、主家の屋敷稲荷に願をかけていたが、その願いが叶い、再び四谷の田宮家に戻り、夫婦円満に暮らした。お岩は自分の屋敷にも稲荷を勧請《かんじょう》して参拝したという。それが「於岩稲荷田宮神社」であるという。家庭円満を聞きつけ、多くの人がお参りするようになったというのが事実らしい。

田宮家は今も続いているというから、お岩の祟りがあるというのは考えにくい。田宮家にお岩の呪いがかかって、一家断絶となれば怪談としての落とし所はつくが、その後も繁栄したとなると、新手の宣伝か、さもなければ事実は怪談とは逆かと考えるしかない。私の直観では、お岩は倫理学の範となる良妻なのである。この鮫河橋は、東京でも指折りのスラム街だったという。貧しく、けなげで、働き者のお岩、女性の崇拝の的である。だからこそ、良縁祈願でお参りすべきところが於岩稲荷だと思っている。

鶴屋南北は、七〇歳という江戸時代ではずいぶんな高齢になってから、仕掛けに仕掛けを重ね、世間の惨殺事件やら猟奇的殺人をこれでもかというほど織り交ぜて、執念深く物語を作った。『東海道四谷怪談』で一番怖いのは、鶴屋南北の執念である。どの登場人物よりも怖い。それに較べるとお岩さんはかわいい人形さんのようだ。

南北は、歪んだ現実を材料にして、人間のどす黒い心性に訴えかける物語を作り上げた。善人で勤勉なお岩から、名前だけを借りて、そこに、密通のために戸板釘付けにされた男女の死体が神田川に浮かんだ事件、主人殺しで殺された事件などなどといったおどろおどろしい事件を混ぜ合わせ、怨霊劇を作り上げた。もちろん、お岩さんが貞女だったのか、歴史的事実は確証のしようがないし、私自身としてはどうでもよい。決定する根拠は喜ばしいことに永遠に失われてしまった。

歴史は事実として実証性が残されるべきだと歴史学者は考えるが、死骸がそのまま永久に残されることを願うような歴史観に共感は持たない。事実は世界から消えていくことで成仏するのだから。私は根拠なく、お岩が貞女だったと信じるばかりである。いずれにしても、私としては南北のどす黒さと、それに興じる人間の性質が興味深い。『東海道四谷怪談』は、私には「黒い倫理学」の教科書のように見えるのだ。

幽霊には途方もない逸脱はない。恨みを晴らすという純粋な欲望の持ち主ばかりだ。人間のように、多様で、変態の上に変態を重ねる生きた人間には敵うはずもない。各地の皿屋敷のお菊にしろ、都市伝説（アーバンレジェンド）のように、事実を踏まえてというよりも、恐怖を作り出す図式が先にあって、それが各地に拡散して、いたるところに、井戸で皿を数えるお菊さんというイメージが多発生成する。恐怖の概念図式が地下にマグマのようにあって、それが多発出現を実現しているかのようだ。お岩やお菊というペルソナは、後知恵の護符のようだ。

文政八年（一八二五）、三代目尾上菊五郎がお岩を演じ、七代目市川団十郎が田宮伊右衛門を演じた『東海道四谷怪談』は大当たりをとる。人間は幽霊という事実や出来事よりも、恐怖の概念図式が適用できそうな事態を求める。

陽運寺於岩稲荷と於岩稲荷田宮神社の二つがあって、実在のお岩さんが信仰していたのが田宮神社で、そこにお岩さんが祀られるようになった。中央区新川にも於岩稲荷田宮神社があるが、これは四谷の田宮神社を分霊したものだという。

お岩ファンとして考えると、幽霊としてのお岩さんはまったくのフィクションである、と思うしかない。もちろん、是非とも本当であってほしいし、本当であったらこれほど嬉しいことはない。ファンクラブを作りたいぐらいだ。もちろん、お岩さんについては、様々な解釈があって、お岩が幽霊にならなかったというものでは江戸の普通の一女性の話になってしまって、これでは全く面白くなくなるから、何とか怪談話として残したいのが人情である。火のないところに煙を立ててこそ、幽霊話の面目躍如である。

フィクションの世界では、ＤＶの被害者の元祖みたいなキャラクターである。伊右衛門に浮気され、虐待され、毒を飲まされるのだから、典型例である。巣鴨の妙行寺にお参りに行くと、歌舞伎役者の寄進した卒塔婆も多いけれど、一般の女性の寄進者も多い。家庭円満を祈願して寄進する人も多いだろうが、やはり四谷怪談のイメージの方が有名だろうから、ＤＶが終わることを願ったり、現代のお岩になってＤＶの夫を呪い殺したくて寄進したりする人も多いのではないだろうか。困った顔のお岩こそ今も漂うお岩さんの姿なのだろう。毒を盛られて腫れ上がり、黒髪がとめどなく抜け落ちて、恨めしさの権化の姿は、都市が作り上げずにはいられない、歪んだペルソナなのだろう（吉元昭治『日本全国神話伝説の旅』、勉誠出版、二〇〇八年）。都市は、人間の醜さ、攻撃性、欲望を実体化せずにはいられないのだ。

花束と高いお線香をお岩さんのお墓に上げるとき、何となく歓迎されているように感じるのはただの気の迷いなのだが、天気のよい日はつい、お岩参りがしたくなるぐらい、少し嬉しい気の迷いなのである。

お七の燃える情念

子供のころ、お七の情念というものは分かりもしなかった。八百屋お七、「絵」になるが故に、「絵」になりすぎるが故に浄瑠璃にも仕立てられ、有名になりすぎてしまった少女、条件が少しずれればここまでは話題にならなかったであろうに、お七の話題のされ具合を少し気の毒に思う。もちろん、その引き起こした被害の大きさは償うこともできないほどなのだが。実在したのかも疑わしいという説もある。確かにうわさ話のよせ集めという側面も強く見られる。恋人に会うために放火するお七ではなく、むしろ放火の大罪は犯さず、恋人の危機を救うために、火事でもないのに振り袖姿で火の見櫓《やぐら》に登り火事の知らせの半鐘《はんしょう》を叩く姿を描いた作品もある。

いずれにしても、振り袖火事という出来事を下地として、振り袖を着て、心の内部においても、振り袖という衣服においても、街並みの火事においても、そして死ぬ際の火刑にしても、すべてが紅蓮の炎という真っ赤なビジョンで染めつくされている。心も体も町中も炎として燃え盛っていること、そしてそのもっとも根源にあるのが恋という炎の如き情念であるということは、子供心には分かるはずもない。

放火に及んで大勢の人を死に至らしめてしまうこと、そんなことの悪の大きさをも分からなくするほどの愛とは何か。強盗殺人犯が犯罪の痕跡を隠すために放火することは、事柄としては大いに異なるのだが、結果を考えなくなってしまうことにおいては共通している。情念の自動機械のように、一つの情念以外のものをすべて消去して、制御できない力だけが出来事を推し進める。

セルフネグレクトだってそうだ。自分なんかどうなってもよいと考えて、「思考停止」をしてしまうことは、巨悪の自己成長に手を貸すことになりかねない。そこにある、悪の自己増殖のメカニズムと、情念との関わり、情念の自己腐敗とはどういう関係があるのか。

お七の事件を語る場合、どうしても明暦の大火（一六五七年、明暦三年）を出来事の背景として語っておく必要がある。

舞台は本郷である。麻布百姓町の質屋の一人娘梅野（十六歳）が、承応三年（一六五四）春三月、菩提寺の本郷本妙寺に参詣した折、寺小姓風の一美少年を見かけ一目惚れしてしまう。どこの誰とも分からぬまま、恋心をすこしでも遣《や》るべく、御小姓の着ていた通りの振り袖をこしらえてもらう。娘の恋煩いを癒すべく、その美少年を八方手を尽くして捜したが詮無きまま、梅野は翌年の明暦元年一月十六日、十七歳にして焦がれ死ぬ。

本妙寺に行けば会えるのやらとの寺での出会いに未練が残るまま、梅野の棺を覆った振り袖は、古着屋に売り払われながらも、本妙寺に舞い戻ってくる。上野紙商の娘きの（十七歳）、本郷麹商の娘いく（十七歳）と二人の娘の死を巻き起こしながら、三度本妙寺に戻ってくるのである。

本妙寺住職は、妄執と未練を晴らすべく、明暦三年一月十八日、大施餓鬼を修し、因縁の振り袖を焼くこととした。火が放たれるや、一陣の風が吹き始め、振り袖は恋い焦がれる魂の物象化として、火のついたまま本堂に舞い落ち、寺ばかりか、街々を燃やし始め、当て処のしれないかの御小姓をも呑み込んでしまわんとするかのごとく、それどころかすべてを燃やし尽くさんとばかり燃え広がり、江戸の三分の二を焦土と化すことになった。十万人余の焼死者を出して、やっと怨念は一休みする。

八百屋お七が生まれたのは、明暦大火の後十年後であって、お七は明暦大火を経験して、火事になれば寺に避難して、多くの人が集うという経験をしたのではない。したがって、『好色五人女』に語れるように、放火事件は明暦大火へのエピローグやエピソードとしてあるわけではない。ただ、火災都市江戸の常として天和《てんな》元年の火事で、寺に避難して恋が始まったらしい。

さて、お七と吉三（吉三郎）の切ない恋物語がそこにはありそうだが、事実はどうなのか。お七は井原西鶴の筆によると、「年も十六、花は上野の盛り、月は墨田の影きよく、かかる美女のあるべきものか」という美人である。物語では火事の避難先の寺（吉祥寺）で、吉三の手に刺さった棘をお七が抜いてあげる機会を得る。遠くて近きは男女の仲である。「彼の御手を取りて、難儀を助け申しけるに、此の若衆、我を忘れて、自らが手をいたくしめさせ給ふを、離れがたかれども、母の見給ふをうたてく、是非もなく立ち別れざまに、覚えて毛抜を取りて帰り、又返しにと跡をしたひ、その手を握りかへせば、是より互ひの思ひとはなりける」。

吉三となると「先祖ただしき御浪人衆なるが、さりとはやさしく、情けの深き御方」と記される。燃え始めた恋の炎を消せるものは存在しない。ついにお七は吉三の寝所に忍び入り、「いつとなく、わけもなき首尾して、濡れ初めしより、袖は互ひに、限りは命、と定めける」（それから夢中で契りを交わして濡れ初め、以後は、袖を交わしての共寝、命ある限り愛は変わらじ）（井原西鶴『好色五人女』「恋草からげし八百屋物語」江本裕訳注）と思いを遂げることになる。

だが、親に知られ、恋を裂かれ、お七は吉三に会うすべもなく、自暴自棄に陥る。恋の闇路の中で、火事になれば、寺に避難することになって、再び吉三にあえるのではないかという妄想に捕らわれ、放火することになったという。

しかしこれはどうも多くの脚色を含んでいるらしい。矢田挿雲によると、お七についてはともかく、吉三は、葬式の死装束などを寺から買い出す湯灌場買《ゆかんばかい》という仕事をしていたという。また近火で逃れた寺というのは、駒込吉祥寺となっているが白山の円乗寺（一説正仙院）で、お七が契り合ったのも、小堀左門（一説山田佐兵衛、また生田庄之介）で、吉三は強請《ゆすり》や人殺しをする悪人で、左門とお七の文使いで両方から小遣いをせびりとる小者で、「家さえ焼けば、また円乗寺に行かれるじゃあ、ごぜえせんか」と入れ知恵したのだという（矢田挿雲『江戸から東京へ』第一巻、中公文庫、一九九八年）。

鈴ヶ森の処刑場跡（大経寺）には今も、お七を火炙りにする際に用いたという礎石が残っている。霊場参りを趣味としていろいろと回ったが、霊感などとは全く無縁の私も、火炙りになったときの柱の礎石を見たときには胸が締め付けられた。

霊場巡りのハビトゥスを身につけた者としては縁ある場所を訪問し続けるしかない。白山の円乗寺のお七の墓にお参りすると、「妙栄禅定尼、霊位」の墓碑があり、側面には「天和三癸《みずのと》亥《い》年三月二十九日」と処刑の日が記されてあった。天和三年（一六八三）、数え年十七歳で自分の情熱を突き詰めて、散っていった。

　鈴ヶ森の処刑場跡の台座の石は、もはや燃やされた柴の熱気も、お七の情念の熱も感じられはしない。冷たい石のままだ。そう、人もまた死んでしまえば、生きていたときの温もりもなくなり、「物」として冷たさだけの物体と転じてしまう。抜け殻、カラダなのだ。カラダは空だ。空の体、殻でしかない体。

「品かはりたる道芝の辺にして、其の身は憂き煙になりぬ。人皆、いづれの道にも、煙は逃れず、殊に不憫は是にぞありける」（品川の街道のほとりで、身は火刑に処せられ、煙となりはてたのである。人間どのみち煙となるのを免れぬが、特別不憫だったのがこのお七の最期だった）と西鶴は記す。

　お七は死の直前の灼熱の中で何を見、何を感じ、何を考えていたのだろうか。お七の情念が今も残っていると言いたいのではない。お七の事件は特殊な事件だ。しかし、振袖火事という、恋の未練が引き起こした（？　本当なのかどうか）大災害と、大都市江戸が火災都市として大火に幾度も幾度も見舞われていることという来歴を背景に考えると、お七は火災都市江戸のシンボル、いやペルソナなのかもしれない。

後悔しないために炎と無縁で生きることが幸せなのか、少し迷ってしまう。

記憶と存在

ジル・ドゥルーズは、「存在の一義性」の系譜を西洋思想の中に見出した。ドゥルーズによると、存在一義性の系譜とは、ドゥンス・スコトゥス、スピノザ、ニーチェのことである。ドゥルーズのこの主張がきっかけとなって、私はドゥンス・スコトゥスの研究に入り込み、中世哲学研究者になってしまったから、ドゥルーズによって私の人生を決められたといっても過言ではない。恨みは深い。

私自身、若い頃ドゥンス・スコトゥスが「存在の一義性」を扱った箇所の翻訳を、大先輩と一緒に苦労しながら行ったことがある。一緒に訳したのは、花井一典（一九五〇〜二〇一〇）さんという私より七歳ほど年上の先輩である。中世哲学のラテン語は時代や大学によって微妙に異なり訓練を受けないと読めるようにならない。ドゥンス・スコトゥスのラテン語もなかなか難しく、日本語にならないどころか、そもそも意味がとれないところが多い。初学者が手を出すような代物ではなかった。

それでも、ドゥルーズが「存在の一義性」という魅力的な思想を紹介していて、しかもドゥルーズの説明だけでは、これまた分からないから、源泉を読めばもっと分かるだろうと思ったのである。出版社（哲学書房）の方も、正確には社主の中野幹隆さんもそれを早く出しましょうというから訳し始めたが、なかなか大変である。

花井さんはもともとハイデガー研究から始めて、その後はトマス・アクィナスの研究に入っていた。ドゥンス・スコトゥスは守備範囲ではなかったのだが、ドゥンス・スコトゥスの著作を一緒に訳してくださいと面識もほとんどなかったのに私の方からお願いして、共同作業が始まった。花井さんの凝り様は途方もなく、日本の大学の図書館に所蔵されているスコトゥスの研究書を全部取り寄せて読み始めた。当時スコトゥスの研究書は少なかったし、所蔵している図書館も多くはなかった。私もいろいろ集めて、情報を共有した。

私の方は初心者だから、花井さんに確認してもらっていたのだが、私の草稿は赤ペンで真っ赤になって送り返されてきた。そのこだわり様はすさまじく、ラテン語の奥義をずいぶん教えてもらった。ラテン語の通信教育をやってもらったようなものである。

存在の一義性とは、神と被造物において、存在の概念は、名のみ同じで内実が異なり、かといって全くの多義的な言葉というのでもなく、緩やかに結びつくと考えるアナロギア説がそれまでの主流であったが、ドゥンス・スコトゥスは、存在概念は神と被造物において同義であると主張した。現代から見れば、実に当たり前の主張をしたように見えて、実際にスコトゥスのテキストを読むと途方もなく難しい。

ドゥルーズは、一義性（univocus）を、文字通り「一つの（uni）」「声（vocus）」と分析し、西洋哲学とは、存在という一つの声が反復されて響いているだけにすぎないという、斬新な解釈を提出した。同じ声の反復が実は個体性にもつながるという、ユニークな思想が語られていた。一見すると、的外れの議論のように見えて、ヒバリのさえずりが同一音の規則的な反復でありながら、テリトリーという固有な領域を形成しているのだというう論点から、個体性に結びつけていくところは何とも爽快である。

その同一性の反復を、リトルネロという、旋律を繰り返すような歌い方を紹介した上で、夕方心細げに帰り道を歩く子供が鼻歌を歌う様子にも、反復が自己同一性を形成している様子を見出しているのである。

暗闇に幼な児がひとり。恐くて、小声で歌をうたえば安心だ。子供は歌に導かれて歩き、立ち止まる。道に迷っても、なんとか自分で隠れ家を見つけおぼつかない歌をたよりに、どうにか先に進んでいく。歌とは、いわば静かで安定した中心の前ぶれであり、カオスのただなかに安定感や静けさをもたらすものだ（ドゥルーズ『千のプラトー』宇野邦一他訳、河出文庫、二〇一〇年、中317頁）

夕暮れ時の迷い道ということは哲学史にも当てはまる。そういう状況において、〈存在〉という一語だけを念仏のように唱え続けること、ドゥルーズはそれを西洋哲学の中心的系譜として捉える。西洋哲学とはそういうものだと言うのだ。ギリシア語でエイナイと唱え続けるのか、ラテン語でエッセと唱え続けるのか、人によっていろいろだろうが、ともかくも〈存在〉という一つの声だけが西洋哲学では鳴り響いていたのだ。私達も〈存在〉をつぶやき続けるべきだ。一見他愛もない話のように見えて、同一なるものの反復が実に多様なものを生み出し、西洋形而上学のほとんども問題を説明し、しかも実に斬新な仕方で説明したのは、実に鮮やかで、強度に満ちた筆力であった。

もちろん、〈存在〉に代わるオプションとして「正義」や「希望」や「愛」や「無」や「怒り」に置き換えてもよい。〈存在〉という語の反復というのは、とても重要な契機を含んでいる。〈存在〉を百万遍繰り返すこと、そこに一義性の意味が現れてくる。

過去の出来事は反復できない。それを繰り返し語っても過去は何も変わらない。メッセージとして何かを伝えるとしてもそれは変化を引き起こすために、メッセージが伝えられるということはない。伝えられても何も生じない。

過去の記憶が何度も何度も立ち現れるとき、それは出来事そのものが、自分の〈声〉が聴かれることを望んでいるのかもしれない。百万遍の呪文を語るとき、呪文を語っているのは、人間ではなく、阿弥陀様が人間の舌を使って語っていると表象される。能動と受動の次元を超えている。反復は、記号作用において現れる何かを伝えるという意味の働きが破壊されて、意味によって覆い隠されていた禍々《まがまが》しいものが露見して、こちらの側に迫ってくることだ。

「存在の一義性」、この概念は、ドゥルーズが注目し、世間に紹介したときも衝撃的だったが、私にとってその翻訳に手を染めたことが、中世哲学に参入するという人生を決定づけるものとなった。翻訳の過程も、ドゥンス・スコトゥスのテキストを読む行程も、「存在」と「一義性」という平明で単調かつ単純な概念に見えながら、全く裏腹の複雑怪奇な内実を有しているのである。

第三章

権力と攻撃性

政治的なもの

癒しがたい自己破壊的な過去への後悔は、時間が政治性を含んでいて、その政治性——他者性というべきなのか——が攻撃性として発現することだと私は思う。後悔は自分にのみ向けられたものではない。

人間を行動へと突き動かすものは何か。快楽や効用だと功利主義は教える。経済活動をめぐって、現物取引のみならず、先物や株の取引をめぐっても、量と速度と強度において激しく活動がなされる。

しかし、そういった快楽や利益を求める行為以外にも、世間を見ると、テロリズムや様々な暴力事件がある。人間は功利的にのみ行動するわけではない。イジメや傷害致死事件や自動車の割り込みをめぐる危険行為など、功利主義から外れる行為も世間ではよく見聞する。

功利性と合理性が結びつくと考える経済的思考に沿って人間がいつも行動するとは限らない。理性が大いばりできる表街道は人間性の主流をなすわけではない。戦争が起きるのは、境界領域での突発的衝突が本格的戦闘に結びついていったというのはよくあることだろう。理性的でないことが愚かであるという見方は傲慢なのである。

メンツやプライドといったものは、単なる虚勢というよりも、自分の安全が保証されることを目指して他者の態度の奥底を見定めるためにある。若者がかっこつけてガンを飛ばすのは、粋がっているということではあるのだが、政治力学的に見ると、自分が敵地に存在して受傷可能性を発揮しているので、その状況を計測するために、能動的に環境に関わることで反応や情報を収集している状態である。逆に真に権力を持つ者は、威張る必要もないから、素直に頭を下げるわけである。真に強い者は強がらないのである。

政治的次元においては、合理的な思考がなされるとは限らない。合理性や理性は人間行為の最高原理とはならない場合が多い。しかもそれは人間の愚かさの徴ではない。権力は、政治的な大きな制度の上に成り立つものばかりでなく、他者や周りの共同体の水準と自分自身の水準を常に比較しながら、自己を上げるか、または他者を下げるかによって、均衡を取ろうとする。それは権力構造の〈基本文法〉の一つである。相手が強いか自分より高くあれば、自分が高く上ることは仲間を増やすということによるのでなければ、即時的な対応は難しい。したがって、通常は仲間を増やすことで、相手を攻撃し、相手から力を奪い、均衡化を図る。

倫理学ではしばしば隣人愛や利他心は美しいものとして語られてきたが、それは常に政治的に思考する者が、それらを悪用したり、自分の勢力を強めたり、相手の防御壁を破るために利用してきた。政治的思考において目的は手段を正当化するから、人間の弱さを徹底的に攻撃する。政治的思考において、最も有害なのは「愛」なのである。つまり、政治的思考で最強の存在者は悪魔である。権力を握ろうとする者は悪魔を崇拝した方がよい。だから、悪魔を崇拝する者はかなり多いはずだ。

快楽主義や功利主義は、政治的に働くものが、常に他者の利益を剝奪することで、自らの利益を増やすことをしてきたという歴史を忘れがちだ。商業や貿易は、常に略奪の歴史の繰り返しの上に成り立ってきた。

人間は良い意味でも悪い意味でも徹底的に政治的な生き物である。権力関係の水準器を使って、自分と相手のどっちが上かを測って、語る方は語り、聞く方は聞く。マンザイはそういった権力関係を壊して、ボケとツッコミという、道化と舞台回しで笑わせる。学校の先生は、動かなくなった水準器で語るからどこにいっても機械のように語る。水準器に合わせて語れるようにするためには、いろいろな人と話していなければならない。顧客にしても、生徒にしても、固定的関係だけで話すようになっていると水準器は働かなくなってしまう。

棒で殴ったり、落とし穴に落としたり、お湯に落としたり、日常生活で行えば明らかに傷害罪になるような愚劣で暴力的なことをテレビで放送して大笑いするのは、何を意味するのか。ケンカと祭りが重なってしまうのはどういうことか。笑いと暴力と政治性が結びついていること、そしてそこに性的なものも含まれやすいということだ。宴会でセクハラを話したり行ったりして、笑うというのは、日本の伝統的習慣であり続けたのである。いくら伝統であろうと、伝統であるがゆえに守り続けるべきということにはならない。私はそう思う。

上に立つ者は上に立つ者として語るしかない。しかし、女性であることと上位に位置することは両立しないと無意識の習慣にしている人は、自分の権力の水準器が女性を上司として設定することを拒み、周りの人間の水準器が壊れていると憤る。権力の枠組みは保ったまま、壊れてしまった水準器、そして最近の若い者は、と憤る。

倫理を政治的な次元にのみ置きたくなければ別の原理を導入するしかない。そのためには、勝ち負けに踊らされない心が必要だ。権力関係の落差を行為の動機にする人は今も昔も、これからも多い。人間が人間である限りこれは変わるはずがない。力の落差をよじのぼり、「成り上がる」ことを目指すことは、出家するか、隠遁者になるか、リタイアしなければ、そういった世界を避けることはできない。

人間は負けてたまるものかと発憤する。下の地位に下げられることによって、発憤する。しかしそういった思考法、古い思考法は勝ちたければ努力しろということだ。新しい思考法をする若者には馴染まない場合も出てくる。若者は社会の歯車に組み込まれることをいやがるのだ。

いろんな人がいる。与えられた規則や規範があれば、それが何であろうと従うことを行為の動機にする人もいる。食べることを動機にする人や、自らの現れを制御すること、身だしなみに動機を設定する人もいる。恐怖や怒りを動機にする者もいる。

se habere というラテン語の表現がある。「自分を持つ、己を持する」というのが表面上の意味だが、male me habens「悪しく自分を持つ→病気である」というように用いる。

その「自分（se）」は、体調を支えることばかりでなく社会的に維持されるべき自分も含んでいる。そこから生じた習慣的状態がハビトゥス（habitus）であり、se habere からの派生語なのである。この本は、過去と和解するためのハビトゥスはいかにあるのか、そして過去と未来にたいして関わるハビトゥスはいかなるものかを考察している。そしてその時間性には他者性や政治性が深く絡んでいることを今ここで論じている。

〈私〉とは何か。〈私〉とはハビトゥスだ。〈私〉とは権力関係なのか、身だしなみなのか、食欲なのか、欲望なのか。権力や知識を行使することなのか。権力関係であれば、〈私〉とは世間で〈身〉持ち正しく、一人前としてあって、つまり「恥をかかない、人様に後ろ指をさされない、陰口をたたかれない」で生きている姿ということだ。ハビトゥスとしての〈私〉は世間という海を渡る一艘の舟である。

身だしなみであれば、人並みの衣服の次元に達し、ボロをまとっていると言われない程度の服を身に着けていることだ。ちゃんとした衣服を着てこそ、世間並みになれるという発想がある。服装が士農工商といった身分制度と相関していた時代の名残があるのだろう。食欲や欲望に定位するというのは、他者との絆から切り離されている場合、言い換えれば、糸の切れた凧のように自分の姿勢を判断する基準が他者と切り離され、自分の内にしかなくなった場合の内的な基準のことだ。

すると倫理とはどの時点で始まるのだろう。私の考えでは経験に先行する原則が自己に命じる時ではなくて、ざらざらした、荒々しい大地、倫理の感触に転んで、ビリビリと膝が痛むときにこそ倫理は始まる。倫理にはいつも痛みの感覚が伴う。

世界の倫理性とは、つまずいて、ざらざらした大地に転んで、膝をすりむき、ひりひりずきずきと痛むときの感覚なのだ。このずきずきした痛みが倫理の感覚なのだ。

倫理とは痛みにうずきながら、そこからの癒しを求める手探りの探求（groping search）なのだ。

ジョークと笑い

性的なジョークやスポーツネタを高らかにしゃべって、お互いに大笑いしながら会話している人々が電車の中でいたりする。ボールを投げ合って、それを返し、自分のボールが受けられるか、受けられたら返してみろと、承認要求とその確認を何度も繰り返し行う。笑い合うというのは、絶えず、お前はオレの仲間なのかを確認し続ける行為なのだ。

欧米の夫婦が、朝から晩までアイラブユーを繰り返し、しかしそれにもかかわらず離婚率が高いこと、いや言い続けなければ絆がすぐに切れてしまうから確認し続けなければならないことと、男達のエロネタ大笑いは同構造をしているように感じる。絆を確認し続けない限り、絆は壊れてしまう。

コミュニケーションはキャッチボールだ。何を伝えるか（コンテンツ）よりも、伝えることそれ自体の方が大事なのだ。中身のないコミュニケーションも重要なのである。絆＝関係を維持することが大事であり、何を伝えるのか（コンテンツ）は二の次なのだ。つまり、コンテンツよりも、コミュニケーション自体が目標とされる「純粋コミュニケーション」は人間関係の基底なのである。オヤジギャグは、純粋コミュニケーションの典型例なのである。ダジャレや語呂合わせのように、コンテンツも個性もなく、ありきたりのものが、純粋コミュニケーションの典型例なのである。「こんにちは」や「おはよう」と同じように。笑いを引き起こすという機能だけを有して、コンテンツのないのが、オヤジギャグという化石化した言語行為、コミュニケーション論的に重要な社会的儀式なのである。

武士の社会における主人と家来の関係も純粋コミュニケーションの一例だ。そこでは、人間関係の秩序や序列の確認がなされる。礼儀作法がそうであるように、何か新しいことが付け加えられる必要はない。

純粋コミュニケーションにおいては、コンテンツが人間関係の形式に影響を及ぼしてはならない。お辞儀の繰り返しが人間関係を変容させてはならないように、同一性が反復されることが重要なのだ。「一発芸人」は、笑えない同じ芸を反復することで純粋コミュニケーションを実現していると言うことができる。

笑いというのは、純粋コミュニケーションの手前、意味が無意味へと落ちていく姿に現れる。笑いが形式的なものに向かうとき、それは人間関係、多くは落差を表現するものになってしまう。つまり政治的なものが如実に表れる場面となる。

笑いが幸せな状態、人柄の良さ、心身の健康に結びつくようなイメージで語られているけれど、テレビにおける笑いの暴力的強制、冗談の際に現れる集団の権力の分布の確認などを見ると、笑いが精神の痙攣であるという論点が如実に現れているし、そのことは忘れてはならないことだと思う。アンリ・ベルクソンは『笑い』のなかで、笑いとは失敗に対する社会的懲罰であると解した。微笑み（smile）と笑い（laugh）とは明確に異なり、微笑みは親愛を表し、笑いは政治性を帯びている。笑いは一義的ではないのだ。ここでは立ち入らないが。ともかくも笑いは、価値観を共有する集団への入会の意思確認を尋ねている場合も多い。

誰かの失敗を笑う場合、同情ゆえに助けるのではなく、「皆で嘲笑しよう、この集団に入りますか？」と尋ねるような笑いも日常茶飯事である。だからこそ、イジメに快楽を見出す者が少なくなることはない。もちろん、笑いは背中も腹もドス黒いし、だからこそ面白いし、天使に笑うことはできないのである。もちろん、天使達の落語大会もまた、静謐《せいひつ》な清澄たる気配の中で、天使達の微笑に囲まれて、それはそれで楽しいのだろうが。

お祭りで大事なのは、指揮系統、情報系統の確認なのだ。その系統の流れの中に「神」が現れる。御神輿や行列は、「徴」なのだ。

笑いをとろうとする者は、その場を仕切ることで権力を行使しながら、確認している。自分の冗談を笑わない者は、権力外にいること、「臣従の礼」を果たしていないことになる。笑いは多分に一般的習慣になった臣従の礼の儀式なのだ。

笑いの中において、権力の分布と配置が確認される。様々な集団における入会儀礼（イニシエーション）の中に、笑われることを演じる過程が含まれるのは、権力の配置を新入者に覚えさせるためだ。

大笑いする人は、権力を広い範囲に及ぶように発揮する人だ。大声である必要はないのに、大声で笑う。それは自分の勢力圏の大きさを示すことになる。それが度量の大きさとして捉える人もいる。

だからその場で一番権力のある者が語るつまらないオヤジギャグが宣言されると、顔を引きつらせながらでも声を挙げて大笑いしなければならないのだ。「つまらないから笑いませんでした」というKYの若者は、世間から見るととても「困った」存在なのである。

笑いを引き起こそうとする者は、心の中の起請文を顔に表せ、と命じているのだ。面白いから笑うという働きはAIやロボットに任せておいて、人間は、臣従儀礼、顔と行動に記された起請文として笑いの儀礼に参加すべきなのである。

人間はなぜメンツやプライドをつぶされて激高するのか。名誉がそこまで大事なのか。貴族や伝統的な家柄の一員は何よりも名誉を重んじる、しかし、庶民はそんなことを気にする余裕はない。庶民は持っているものがないのだから、プライドよりも、理念といった未来に向けての大きなものに燃え立たなければならない。ところが小銭・小名誉・小家柄・小伝統・小住宅を持つとたんに失うべきものを持ったと思って、保守派に転じ、自分の財産を守るための安全指標として名誉を重んじる。プライドやメンツは「持てる者」だけに相応しい徴表なのである。

ウケを狙う人は、その場の人々の気持ちと雰囲気を制御・統括して皆を喜ばせ、笑わせようとする。気配を制御することを目指すといってもよい。巨大な船を計測機器に囲まれながら、舵一つで船の進行を操作するように、人々は、笑いを起こし、楽しい気配に自分の力で移せるように努める。これは政治的な能力である。一本締めをして、人々の心をまとめるように、心と心をまとめること、それが笑いにしろ、「まつりごと」にしろ共通の目的なのである。

小石につまずく者をつまずかない者は笑い嘲る。誰でも簡単な丸木橋をぎこちなく渡り、しかも時として渡りそこね墜落する者を嘲笑う者も多い。ベルクソンの『笑い』における理論もそういった懲罰的な機能に重点が置かれている。

人生が椅子取りゲームであれば、丸木橋を滑り落ちる人を嘲笑い、自分の生き残りの可能性が高まったことを少しばかり喜び、生き残りが段々少なくなってきて、安堵の大笑いに興じる生き方も現実志向的でよい。

しかしつまずきも普遍的救済を潜在的に含む。他者図式がつまずかれるべきものとして、つまずかない道を潜在的に示すとしたらそれはどうなのだろう。つまずきは嘲笑われるものとしてあるのか、合掌すべきものとしてあるのか。

女性、子供、友人など他者図式のありかたはいろいろある。それを学習し身につける時間が必要だ。子供をピアニストに仕立てるために馴致して、それが叶わない場合には、心理的に放逐することも可能である。

ともかくも、そういった図式は時間をかけて形成する猶予期間が与えられる。ところが、そういった猶予期間を病気やら家庭内不和やらで形成する機会を与えられない場合もある。

他者図式はどのようなものであれ時間をかけてゆっくり形成されてもよい。他者もまた自己の中で育つのだから。

義《ただ》しさという呪い

不倫やら交通事故を起こしたタレントの話題をテレビで見かけると、すぐにタレントに対する抗議電話をかけてくる人が多いという。自分では正義漢のつもりで振る舞っているのだろう。他人の悪、タレントというプライバシーを切り売りしている人に石をぶつけて喜ぶのだろう。悪人に石をぶつけることは正義でも何でもないが、本人としては正義感を発揮していると思えるのだろう。

ツイッターなどのＳＮＳでも、失言に対して、一斉集中攻撃のように炎上が始まる。罪ある者に小石を投げつける刑罰がなされていると、人びとが集まってきて皆で小石を持って集まって投げつけて盛り上がるような光景だ。

悪い者を攻撃することが正義の徴なのだ、という風潮がある。そこには、自分は「正義の味方」だという自己陶酔が混じりがちだ。正義とはその意味ではとても危険なものだ。「正義」の名分は暴力でも何でもそれを正当化するための根拠となってしまう。正義が一義的でなく、しかも正当化の根拠として用いられるのは、正義もまた危険なものとなることを示している。

自己陶酔とナルシシズム、それは心の中のリミッターをはずす働きを持つことが多い。正義の味方は多数派を占めることも多いから、その場合、皆で悪者を徹底的に攻撃するという構図が出来上がる。

かたや、正義の味方という主人公になれなかった者は、善と悪という二元論のもとでは、悪者となる。ごっこ遊びは敵と味方に分かれ、それに善と悪とを配分するというルールを学ぶ。それは戦わざるを得ないという状況にすべての人びとを巻き込むための集団的人心操作の基本技術である。

善と悪という分離は、それが人間において振り分けられると、両者の間における暴力性と攻撃性をもたらすことになる。倫理学が、善と悪との区分を事とするかぎり、暴力性の正当化の道具として強い者に奉仕するという宿命を免れられないのかもしれない。

「分ける」と「分かる」ことは密接に結びつくことだ。ある事柄が分かるというのは、事柄の本質が「分かる」という説明も可能だが、他のものと区別し、その区別の基準も明示できるということで、「分ける」ことがしっかりできるということだ。

「差別」と「区別」は異なるという議論が良くされる。「差別」は価値的な序列をつけているが、「区別」は価値的な序列を含まず、等しく扱っているとはよく語られる。しかし、なぜ「区別」するのか。区別するのは、ある一部を取り出すためであり、その一部の方が価値的に優位にあるからこそ、区別がなされるのである。完全に価値的に等価であれば、実は区別などしない。

正義は区別し、一方に善さ、他方に悪さを配するのだから、価値的に序列を含み、両者の間には価値的な落差が生じる。価値的な落差があれば、自然に力関係における流れが出来上がる。緩やかな傾斜であっても、正と邪という選択と排除の二項分割の図式においては、緩やかな傾斜の場合も、傾斜に加重が加えられる。そしてそこに、義しさという名前の呪いが現れることになる。

テロリストの憎悪を正義の理念が踏みつぶせると考えるのは、正義の傲慢であろう。テロリストをいくら殺戮しても、浜の真砂《まさご》が尽きることがないように、憎悪の種が消えることはないのだから。正義は正しく理解されない限り一つの憎悪を破壊しても、それと同時に二つ以上の憎悪を世界の中に作りだしてしまう。

世界史の大きな流れ、激しい戦争や闘争や革命の底には、途方もなく大きく深く強く黒い憎悪の河が流れている。その流れを知らないで倫理を語るとすれば無邪気であると私は思う。

功利主義は最大多数の最大幸福を名目的な基本原理としているが、実際には最大幸福こそ中心原理であり、「最大」ということで、その集団の主権の所在をはっきりさせ、そのドサクサで、少数者の意見を「処理」する方法である。

功利主義は「犠牲の論理」や「犠牲則」を含んでいるという指摘がある。フランスの思想家ジャン＝ピエール・デュピュイやポール・リクールが強調する論点だ。「犠牲の論理」とは、全体の善を最大化するために、或る行為を選択し、誰かが犠牲になることが不可避である場合において、その行為は正しい、と考えることである。スケープ・ゴートとして或る者が犠牲になっても、その行為が正しいことをやめるわけではないと考えるのである。

神が功利主義者だったら、世界や人類を創造したのだろうか。イエスに人間の罪を贖《あがな》わせるために十字架に掛けるということはあり得るのか。イエスに犠牲則を担わせることを目指したとすれば、神もまた隠れた功利主義ということになるのだろうか。神の摂理を人間ごときが考える愚かさには神罰が下されるかもしれないが。

神の似姿として人間が創られたわけだが、功利主義者であることは、神の似姿であることなのだろうか。

愛も正義も自己犠牲も、或る目的実現に資するし、合理的な行為の脈絡を形成するのに役立つから、それも功利性と呼んでよい。たしかに、功利性を度外視した、「絶望」は、破壊的なものになるから。

絶望の病を治す薬は功利性かもしれないが、しかし、功利性は普遍的救済を目指すのではなく、どうしても或る一部を切り捨てる「犠牲則」という短刀を懐に隠し持っている。「皆が救われるために泣いてくれ！」。犠牲の論理とは、全体の利益のために、個人を道具や手段として取り扱い、「処理」するための論理なのである。

皆が笑えないとき、できるだけ多くの人が笑えるように、一部の人を泣かせるというのは、「イジメ」にならないのか。犠牲則は結局「イジメ肯定」「格差是認」につながるように見える。

或る軍事政権国家を訪れたジムは、二〇人のインディアンの処刑の場に足を踏み入れる。彼らは民衆のデモ活動を抑制するために任意に選ばれた、無実の人々である。悪人の長官は、ジムに、「もしお前が自分の手で一人を射殺すれば、残りの一九人を解放してやる。その提案を受け入れないのであれば、二〇人全員を兵隊が射殺する」と言い、それ以外の可能性がない場合、ジムはどのような選択をするのか、という問題が倫理学で論じられる。二つしか選択肢がなくて、いかなる状況においても正しい選択肢があるという前提に立てば、ジムが無実のインディアンを射殺することは、犠牲の論理によれば、正しいものとなる。しかし、そこには「全力を尽くせば何とかなる、正しい道は必ず与えられているる、神は乗り越えられない試練を与えることはない」という存在への甘えはないのかどうか。

「私は正しい」という信念は、善かれ悪しかれ暴力性を備えているということだけは確実である。

ハラスメントの海

人の悪口ほどおいしい酒のつまみはない。上司の悪口ほど、宴会を盛り上げるネタはない。部下はみんな上司の被害者であるから、共通の立場で安心して悪口で盛り上がることができる。子供の担任や近所の性格の悪いオバサンなど、その人の被害者が集まれば、心の中のゴミ箱にたまったままのものを、ゴミの回収日よろしく、口から次々へと排出することができる。悪口は耳には苦いが、口には甘いのである。

共通の「敵」の話で盛り上がることができるのは、不満のはけ口、ストレス発散であると同時に、仲間がいることを確認できる儀式である。仲間が増えるのは無条件にうれしいのだ。

二人きりで酒を飲むのは緊張することだが、敵かと思っていた人が、実は仲間であるのが分かるとうれしい。だから、怖い顔で脅されたり怒られたりした後で、褒められてにっこりと笑ってもらえると、心は相手に引き寄せられる。脅して褒める、怖がらせてから安心させる、これは実用的マインドコントロールの初級編である。これを身につけられなければ人を動かすことはできない。こういう手で人を信用させるのがうまい人は少なくない。

そういう人は恐怖心までは行かないような不安と胸のバクバクを引き起こし、その後で鎮めるのだ。その落差にこそ、快楽と信頼感と安堵が現れる。それを悪用するのだ。催眠術の基本である。

小さな暴力を交えて恐怖を演出する人々もいる。小さい文字によっては動こうとしない心も、大きな声によって心は動く。小さな文字で書かれた真理が心を動かさなくても、大きな怒鳴り声は「コノヤロ」の一声でも心臓の鼓動を速め、冷や汗をかかせる。大きな声、大きな動きが効果的なのだ。いつも真理は波の音のようにかき消されてしまう。

命がけの吊り橋を渡った後で出会った男女はカップルになりやすいという実験結果があったという。危険な行為を一緒に体験した人は友達や恋人になりやすいのだという。共通の体験というところも重要だが、危険と緊張の後に訪れる解放感というのも重要らしい。緊張の後の解放感は独特の達成感と満足を伴うのである。

そういった緊張と解放感を利用することで人をコントロールしようとする人は多い。すぐれた指導者は絶妙にその辺の技に習熟している。ケンカの後での仲直り、それが忘れられなくて、仲を続けてしまうカップルも少なくないようだ。部下を叱って、説教して、その後、酒に誘って、手なずけるのは昔からの部下懐柔法である。一度覚えてしまえばこの方法は楽だ。

ハラスメントまがいの行為をうまく使用すれば信頼感の形成に役立つことを中途半端に学びながら、一線を越えて、ハラスメント怪獣になってしまう人がいる。

アカハラ、パワハラ、モラハラ、ハラスメントがふるえるような場面になると、ハラスメント道を邁進する人は、どの職場にもいる。先祖の所業がきっと悪かったのだろうと心の中で思う。

ともかくも、現代はハラスメント名人が跋扈《ばっこ》するハラスメント天国のようだ。ハラスメント相談室ができて、ハラスメントの仕方を覚えた人は、罰せられないハラスメントを覚えたのかもしれない。イジメが小中学校で問題視されるようになって、イジメが表面から消えて、目立たない形でなされるようになったように、ハラスメントも隠れてなされるようになった。

日本にはハラスメントの伝統があるようだ。新入儀礼（イニシエーション）において、新人イジメがあることは昔からよく知られたことだが、酒宴においてもハラスメントをすることがほとんど常套の儀礼となってきた。儀礼だからといって残していってよい、残すべきだという議論にはならない。

ハラスメントの起源はどこにあるのだろうか。とても根深いところにあると思われる。規則がいくつ重ねられ、強く言い渡されても、心が動かなければ、倫理として人を動かすことはできない。親は子供に仕付けようとして、強く躾ければ強く刻まれると信じて、様々なことを教える。クラブのコーチも学校の先生も、強く教えれば強く伝わると信じている。

心が熱ければ気持ちは通じると信じている。教える者と教わる者、上司と部下、命じる者と命じられる者、治療する者と治療される者、育てる者と育てられる者、ケアする者とケアされる者、そういった落差のある関係において、上位にある者が下位にある者に強く言えば強く伝わるはずだと考えるのは、それこそハラスメントの起源である。

力の非対称性は人間の判断力から視力を奪ってしまう。権力を持つ者はハラスメントを権力者の特権と思い込む。

ハラスメントもまた伝統を継承した名残であり、妖怪が祀ろわれぬ神の末裔であるように、ハラスメントも過去の伝統の末裔なのである。だからこそ、表面的にはハラスメントを除去しようとしながら、根深く残り続けるのである。

ハラスメントオジサンは、人のことを気にかける面白くて、思いやりのあるおっさんであることが多い。ところが、そういうオジサンがハラスメントの鬼になってしまう。そういうオジサンの特徴は、固定的な価値観を持っている。「男というものは」とか語りたがるし、「フェミニズムとか言っているけれど、男は男だ。男らしくないとね」とか、「女というものはね」とか普遍的女論、女の普遍に関する素朴実在論をお持ちのことが多い。昔からの男らしさとかに憧れ、「雷オヤジが少なくなったから、最近の子供はひ弱なんだ」という、アナクロニズムを語りがちだ。自分の子供時代への復古政策を夢見ているようだ。

「みんなで楽しもう!」、しかしその「みんな」に〈私〉は含まれているのだろうか。〈私〉以外で楽しもうと言うことではないのか。「みんな」とはそこにいる全員を例外なく指示すると考えて、それが当然と考えるが、指示のスコープ(範囲)はいつもいつも例外を設定してきた。ホモ・サケル(聖なる人)もそうだ。古代ローマにおいて、ホモ・サケルは特別な人間として、生命を保護されない者として存在していた。例外こそ、事実を超える起源や権威や神聖さの起源とされてきた。祭りは例外者の設定による、神の出現の儀式なのだ。犠牲が選ばれ例外者として設定され、生け贄とされる。同じ構図が「イジメ」にもある。例外は日常性の中にはない。「みんな」といいながら、一人だけのけ者にする心のあり方を、常識的な人間は誰でも心の中に組み込んでいる。「イジメ」は普遍的に存在する心性なのである。

ここで、ハラスメントやイジメにおける負の攻撃性を確認したいということではない。負の攻撃性もまた、心を破壊するためにあるのではない。そこにもまた何かを積極的に駆逐しようとする働きがあるはずだ。それが知りたいのである。

威勢を張ること

自動車はガソリンから電気、水素へとエネルギー源が変化しているが、日本の景気を下支えしているからなのか、変わることなく大きな売れ行きである。小さい方が駐車場の問題でも燃費の問題でも有利だと思うが、大きい自動車を買う人は多い。ランドクルーザーとか、滅多にアウトドアに行く暇もないのに売れていた時代があった。

なぜ大きい乗り物に乗ろうとするのだろう。武士が戦いの時に立派な甲冑を身に纏うように、人びとはランドクルーザーで武装するのかもしれない。道路で週末の夜中に大きな騒音を出して、自分の存在を大きく示そうとする「暴走族」は、武者行列として走り回っていた。

人間は生きている限り、立派で大きな車という甲羅を身に纏おうとする。肩書きや学歴や家柄というのも甲羅の一種、いや鎧のようなものなのだろう。毎日通勤するのに、鎧を着ると、満員電車の混雑度がさらに増加するから、胸元に鎧代わりの小さなシンボルをつけたりもする。

ともかくも硬い体に憧れるのは相手よりも自分が強いことを示すためだ。それを示して、相手が怯めば、戦うことなく勝てるから。戦わないで勝つこと、これが戦い方の第一原則である。圧倒的落差を示して、戦わないで勝つ者こそ、真の強者である。

戦って勝つのは、多き者、力強い者とは限らない。奇襲作戦もあるし、偶然的要因もある。虚勢を張って、大きさを示さなければならない。相手も自分自身をも欺さなければならない。自分への自信もまたそういった虚勢なのだ。それを持たない者はいじめられてしまう。虚勢の張り方を知らない者、そこに誠実さ（honesty）と異なるものを見てしまう者は、虚勢を張る人間の餌食になってしまう。

未知の存在に出会うとき、お互いに怖いから相手をバカにして、見下して、小さなものと見ようとする。それは自分自身を相対的に大きいものとする。

攻撃性は背後に不安と恐怖を抱えている。笑いもまた背後に不安と恐怖を抱えている。だからこそ、それはケイレンとなって、ヒバリのさえずりのように、回りに聞こえるように大笑いをする。自分の影響範囲の宣言と確認なのである。

自慢するためには認識して、それを評価してくれる人が必要だ。朝のプラットホームで、100点満点の数学の答案や、学術雑誌に採用された論文の抜き刷りを頭上高くかざす人を一度ぐらい見てみたいものだと思うが、見つけるのは難しい。かりに誰かがそんなことをしても誰も目にも留めないはずだ。目に留めても無視するだけだ。

自慢しても、それを認識して、褒めてくれる人、つまり聴衆（オーディエンス）が必要だ。聴衆を作るためには、普段から友好関係を作ったり、贈り物を贈ったりして聴衆を栽培し、育てておく必要がある。聴衆を育てておかないと、砂漠の中で、ひとり海に向かって、自慢話をすることになってしまう。

誉められることを求める人は、笑顔とドス顔が交替したり、ニコニコしていた顔が突然豹変し、鬼のような顔になる。ちょうど能面の小面《こおもて》（女性の穏やかな表情の面）が、般若（怨霊系の怖い能面）に変わるように、表情を変える人がいる。それは潜在意識のなかに染み込んだ他者をコントロールするための技なのだ。場面を制御する方法なのである。

ブラフ（はったり）を多用するワンマン社長タイプの人間にもそういう人は多いらしい。できるだけ恐そうなドス顔をかまして、相手を威嚇して、怯えさせ、その後で優しい顔をして、表面は怖いけれど心根は優しい人だと思い込ませるわけだ。ツンデレというのはその普段使いの普及版なのだろう。相手を怯えさせてその後で、にこっと笑うのである。

前項ですこし触れたが、危ない吊り橋を渡った後で出会った異性には一目惚れしやすいという心理学の実験があった。「恋の吊り橋理論」（1974年ダットンとアロンによる実験）というらしい。吊り橋コンパや吊り橋婚活があるのか知らないが、恐怖経験のあとで、ホッとしたときに、愛着が湧きやすいということだ。その落差が激しければ、病的な依存にも結びつく。DVの夫婦の共依存関係や、暴力的な親への依存などその例は多い。賞罰によって条件付けることで感情のパターンが獲得される。笑顔と般若顔も、やさしい声とドス声も賞罰なのだ。「ドス声の後の仏顔」こそ世渡り上手である。人情の機微に通じた人というのはこの技術をこまめにうまく使える人なのである。不安で迷っているときほど、マインドコントロールに入りやすい。占いもまたマインドコントロールになりやすい。

人間行動における「政治的なもの」の決定的な重要性に注意を払いたいのだ。有用性や功利性や合理性が求められ、景気高揚のための需要の喚起や、付加価値の発見と付与といったことに目が向けられやすい。

カール・シュミットは人間行動の源泉に「政治的なもの」を置いた。敵と味方を分け、この分けることが権力者の特権となって、その配下に立つ者は、敵として設定された者を動機もなく攻撃し破壊しなければならない。敵とは笑い飛ばされるような者であり、笑い飛ばすような相手を攻撃する態勢を普段から準備しておかなければならない。残虐性は日常性の中では隠され、中和されて、無害化されて保存されなければならない。

政治的なものの次元で考えるとき、個人の痛みや苦しみは無視される。それこそが政治的なもの、功利主義の本質なのだ。犠牲則を駆動させながら、それをカモフラージュすることこそ、その戦略なのだ。暴力性を正当化するためには、手品の常套手段と同じように、個人への眼差しを全体へと振り向けなければならない。

政治的なものとは、本来何のためにあるものなのか。味方と敵に人間を分けて、確定された敵を倒すために人間行為は組み立てられるということなのか。敵もまた倒されるために存在しているのではなく、味方や仲間を確定するためではないのか。政治的なものとは、絆を求める力ではないのか。政治的なものを論じることは、勝負や正義といった問題に結びつけて語られる。もし政治的なものが絆への力であれば、過去と現在、現在と未来との関係を語ることに強い結びつきをもてることになると思われる。

避けられない悲劇

記憶が倫理学において取り上げられることは少ない。しかし、ロザリンド・ハーストハウスはその名著『徳倫理学について』（土橋茂樹訳、知泉書館、二〇一四年）において、二つに一つの選択肢を提示され、どちらも選ぶことが悪であって、選ぶこともできない状況、しかし選ばなければ殺される状況の中で、一方を選ばざるを得ず、その結果と記憶に苦しみ、しかももう一方を選べばもっと良かったという後悔にすら陥ることのできないまま、過去を苦しむしかない人を描いている。彼女はそういう状況を「悲劇的ジレンマ」と記す。何をしようと避けられない悲劇を前にして、何をすべきか。それが起こって話が済むわけではない。起こってしまった避けられなかった悲劇をどのように、心が受けとめれば良いのか。

『ソフィーの選択』という映画があった。ナチスがやってきて、二人いる子供のうちどちらか一方を差し出せ、収容所に連れて行って処分するという、そしてどちらか一方を選べなければ二人連れて行くというのだ。どちらも選ぶことができず、選ばないということもできず、そのむごたらしい記憶を持ち続けなければならない事例は何を意味しているのか。

この事例が示しているのは、二つしかない選択肢において、一方が悪である場合、他方は悪の反対だから善だということにはならない、ということだ。これは決定的に重要な倫理学的図式なのである。善か、さもなければ悪だ、正答か、さもなければ誤りだ、という発想はありふれている。そのように考えれば、誤りを全て除外すれば、正答が残るはずだと思えてしまう。

与えられた選択肢の中に正解はある、善はどこかに隠されているという期待がそこにはある。「神は乗り越えられない困難を与えることはない」というセリフが有名になったドラマがあった。どんな困難でも乗り越えられるという人生への信頼は重要であり、この信頼感がもてなければ、人生は自分に味方をしてはくれない。

しかしながら、Aまた非Aという分かれ道において、命題の形式が反対であっても、一方が悪であるならば、他方は善だということは帰結しない。悪の反対が善だというのは、甘めの世界観なのである。試験の設問の選択肢の中には必ず正解があるし、どんな迷路にも出口はある。しかし、人生や世界も同じだという保証はない。すべての選択肢が誤りであるということも十分にある。神が創った世界にそんな絶望的な状況はない、と言えるのか。アウシュヴィッツや広島や長崎における「神の沈黙」を考えてもよい。神がいてもいなくても、正しい選択肢がないということは十分にある。そしてそういった悲劇的状況、その後の瓦礫を乗り越える倫理学が必要なのだ。

「二つしか道がなくて、どっちかが正しいのでなければ、人生は生きようがないじゃないか」、そう言う人がいるかもしれない。それは恵まれた人生を送ってきた人かもしれない。途方もない貧しさの中で生きていれば、ギャングになるか、密入国して働くか、すべての選択肢が誤りでしかない状況もある。そういう状況において、「どれかは正しい選択肢がある、探せ」というのは、何かを取り違えているのだ。厳密な倫理学を目指すことが、公共性がなすべき課題を隠蔽して、個人の中に、意識と良心の審級の問題にしてしまっている。

ルターが述べた万人司祭説は、最後の審判において神と一人向かい合う場面において、与えられた審級は意識の審級だけであるという、倫理的決断の勧めであったが、しかしそういったルターの倫理学でさえ、倫理学が個人の意識内部での出来事であるとは述べていなかったはずだ。

二つしか与えられていなくて、どちらかを選ぶのは個人の課題であるというのは、近代的で、ナルシズム的な、ヒロイズムなのである。私が壊したいのは、意識の審級において「私は正しいのだ」と主張する「世界の中心で〈私〉を叫ぶ」ことをめざす発想なのである。こういった近代的〈私〉幻想が、消費社会における購買者＝王様幻想と連動して、歯止めなく肥大した〈現代的自我〉に成長してしまったと思う。ここにもブランドや肩書きを身に纏い、何者かを気取る空虚な〈現代的自我〉がある。

雪が降り積もる。雪崩も起こせば家も押しつぶす。雪は、心ないものでもなく、人を壊しもするし、守りもする。雪にとって、人間とは偶有性でしかない。雪を知る者は雪に守られ、雪を知らない者は苛まれるだけだ。人間の「業」もまた、業を中心に据えて考えると、アリジゴクの巣のようにできた「業」に吸い寄せられる者はその奈落に落ちてゆき、避ける者はその場でアリジゴクに陥らないで済む。しかしいつかは、その中にはまってゆくだけだ。業もまた雪のように降り積もる。

外から帰って、家に入るなり、ストレスを脱ぎ捨てるかのように、怒りを解き放ち、発散する。「メシもできていないのか!」。

駅前のビルで薬局を営む父親。一階で愛想よく商売をやっていても、住宅として使用している二階の食卓に入ると、「こんなメシが食えるか」と夕ご飯の食事をひっくり返す。この父親は何をひっくり返したいのだろう。本当にひっくり返したいのは、自分の人生だったのか。


過去の記憶は幽霊として現れる。幽霊と和解するにはどうすればよいのか。幽霊を生き返らせることを目指すべきか。降霊術やゾンビを目指すべきなのだろうか。

死せる者が幽霊として出てくるための重要な前提が、情念の速度という契機だ。情念において大事なのは速度だ。知性は概念化し、命題の中に取り込むことで無時間化しようとする。出来事を殺して、動かないものにして、それで標本を作ろうとする。ところが肉体にとって速度は大事だ。肉体における血管や血液の変化への対処は、速度が大事だ。知性は速度や時間をうまく操作できない。基本的に無時間化して、合理性や効率性の観点から出来事に対処する。速度と競うことができるのは、情念であり、瞬間的に沸騰する怒りと恐怖、これらは肉体の状態を短時間に変化させ、環境や内的状態の劇的変化に対応する。正しさや正確さの点から対応するのではなく、速度重視で対応する。真理は速度と競合しない。情念こそ速度と競合する。

速度が凝縮されて強度として激しい爆発として現れる。激しい言葉は安全弁として高まった強度を外に逃す。抑え込もうとして抑え込めるものではない。侮辱の言葉や身振りが殺人衝動にまで至った情念沸騰にある者に、アパテイア（無情念）を説く者は死んだほうがよい！

だからこそ醜い醜い欲望に花を見つけよ。過去と和解するためには怒りや呪いを成仏させなければならない。それこそ自分と仲直りすることなのだ。

第四章

記憶と倫理、忘却

忘却の倫理学

正しく忘れる者は正しく覚えたり。Recte meminit, qui recte oblatus est. 体や記憶に残されるものよりも、排出されるものの方が重要なことも少なくない。正しく忘れることができなければ正しく生きることはできない。記憶の迷宮で迷わないためには、時間と空間の整理術が必要だ。

メディアが発達していない時代では記憶がきわめて重要視された。識字率が低かったり、書いて残すべき媒体（紙）があっても壊れやすかったりすれば、書物や文書は記憶媒体として優秀ではない。人間の記憶は、覚えるのに手間はいるが、覚えてしまえば、運搬するのに楽だし、壊れにくい。しかし、記憶している人が死んでしまえば記憶も消滅するから、記憶法も含めて、記憶媒体たる人を常に養成しなければならなかった。

西欧においても、活版印刷術ができるまでは、ずいぶんと記憶術が重視された。近世初頭においては、時代の流れやメディアの発達には無頓着に、人工記憶術が流行した。その際用いられたのが、大邸宅を頭の中に思い浮かべ、その特徴的な場所に概念や名前やイメージを配列していくという方法だった。「空間記憶術」という方法である。途方もない記憶量を誇った名人もいた。その秘訣は、自分が大好きな女性の肉体を大邸宅代わりに使用することだったという。

記憶と空間は密接に結びつくのである。情動と脳の構造との関係について、脳科学者のルドゥーは次のように述べる。


「空間表現の重要な機能の一つは、記憶を配置する文脈を形成することであるという。文脈は、記憶を空間と時間の中に配置し自叙伝的なものにする。これこそが記憶における海馬の役割であると彼らは言う」（ルドゥー『エモーショナル・ブレイン』松本元・小幡邦彦・湯浅茂樹・川村光毅・石塚典生訳、東京大学出版会、二〇〇三年、二三七頁）

洗い上がって乾いた洗濯物が部屋に散らかっていても、置いてすぐであれば、取り出すことはできる。ところが、幾日分もの服や靴下やハンカチが山のように積もると取り出すことはできない。ペアとなる靴下の片割れを探すことも難しくなる。

靴下の片割れを絶望的に衣服の山から探すのではなく、すぐに見つけるにはどうすればよいのか。もちろん、毎日すぐに整理する、ということだ。問題は、毎日整理するということが、情報と記憶の処理という観点から見ると何をしているのかということだ。

自分が何をしているのか、言葉にできなくても、しっかりと出来事は自分の記憶の中に残される。暗黙記憶（implicit memory）というものだ。そして、それは、蓄積される。盆踊りを年に一度しか踊らなくて、すっかり忘れているようであっても、何度か踊ったことのある盆踊りであれば、数分でちゃんと踊れるようになる。「プライミング効果」というものだ。

知識として残ってはなくても、手続き的な記憶として、一連の出来事の一部が与えられると、残りの部分も思い出すのだ。数十年間歌ったことのない小学校の校歌は、歌詞を忘れていたとしても、頭の部分を聞くと次の歌詞とメロディーが出てくる。〈手続き的記憶〉は、言葉に表現できるような命題的な知識として取り出すことはできなくても、暗黙的に、その手続きが、ほぼ無意識的に、記憶に染み込んでいるのだ。

そうだ、毎日洗濯物をタンスにしまうというのは何をしているのだろう。脳の記憶もまたそれと同じようなことをしている。

記憶を空間と時間の中に配置するために、記憶空間を作る必要がある。その引き出しには、「二度とやってはいけないこと」というセクションがあって、それはさらに、「食べ物」「ともだち」「しごと」「アイロンがけ」とかに分けられ、しかもその一つの引き出しは、奥に行くにつれて古い記憶が整理されることになる。

大きな引き出しを作って何でもかんでも入れ込めば、整理する時間はすくなくて済むが、何も取り出せなくなる。細分化した方が情報は取り出しやすく、何度でも活用しやすい。

「断捨離」というのがあった。記憶もまた毎日断捨離を行う必要がある。覚えておく必要がない記憶は、分類した上で、ゴミとして捨てる必要がある。しかし断捨離と違うのは、取り戻せないような仕方で捨てるのではなく、大きな不要品箱に入れておくことだ。

この大きな不要品箱は、それぞれの引き出しの一番奥、つまり取り出すのも難しく、一生取り出さぬものの収まる場所へとつながっていて、古い引き出しの奥の記憶もこの不要品箱に捨てられるようになっている。

しかし取り戻しができないように捨てられるわけではない。取り戻せるゴミと取り戻せないゴミはどこが違うのだろう。

記憶にはタグの付いた記憶とタグの付いていない記憶がある。記憶に残る出来事は、すべてタグの付いた出来事だ。その日のうちにタグを付けなければ、タグなしのものとして〈大ゴミ箱〉に捨てられてしまう。

言葉を覚えていないときの出来事は、心に残っていても、タグを付けられていない場合、取り出すことはできない。しかし、子供のとき、タグを付けることが出来なかったとしても、激しい痛ましい記憶は心に残る。

三歳になると記憶に残るけれど、それ以前のことは記憶に残らない、だからバンバン叩いて子供をしつけた方がよいという人がいた。幼いうちに体罰をたくさん加えた方がよいと考える人だ。そんなことはない。アリス・ミラー『魂の殺人』（山下公子訳、新曜社、一九八三年）を読めばよい。体罰は心に傷を残す。たとえ、三歳未満でも記憶に残る。そんなことは当然のことだ。なぜ分からないのだろう。人間の心の基本的構造が。

タグが付いていなければ、呼び出すこともできないし、存在しているかどうかも分からない。どこかにあるらしいのだが、自分で自分の素性を知らず、そとからもその素性が分からないので、あるかどうかすら分からない。それではそんなものは存在しないのではないか、存在しないに等しいと思うかもしれない。ところが、そういう記憶も近くまで心の働きが及ぶと、モゾモゾと動き出して、恐ろしい顔を現すこともある。

人間は夜眠っている間に、過去の記憶の断捨離大会を開く。ワルプルギスの夜のように、過去の悪事や、抑制し葬り去ったはずのおぞましい欲望や、他者の悪意や、激しい痛みの経験が、開いた引き出しから飛び出してくる。

忘却術の秘訣

記憶は整理棚に収まっている限り、おとなしく、じっとしている。整理棚に収まるということは分類され、タグを与えられ、意識の制御下に服することだ。

コンピュータのプログラミングでオブジェクトという基本単位がある。アドレス（場所・住所）と手続きとコンテンツ（内容）が一つにまとまったものだ。コンテンツだけだと、アドレスがないから自分で収まるべき場所まで辿り着くことができない。

おそらく、脳の中の海馬の部分は空間的に記憶を配置しているように思う。個々の記憶にアドレスがあるというよりも、いくつも部屋があって、そこにはさまざまなカテゴリーの記憶ごとにキャビネットがあって、そしてそこにいくつも整理棚があり、しかもその整理棚は新しいものを手前に入れられ、一日ごとに区切られていくような、区切り板で仕切られている。

だからこそ空間記憶術が記憶術の代表的秘訣として案出されてきたのだ。文字を持たない声の文化においては、逐次的、物語として記憶しておく方法もあるが、空間記憶術では、検索や必要な情報を取り出してくるのには便利なのである。

忘却とは思いのほか難しい。記憶術の本は書店によく並ぶが、『忘却術』という本は見たことがない。しかし忘れるべきことを忘れられるというのは素晴らしい能力であるし、それができたら、覚えておくべきことを覚えるのはずっと楽になるはずだ。

記憶力の良い人は褒められる。記憶力の優れている人は学校の勉強でよい成績を上げるためには有利かもしれない。そして、実社会の中で仕事を覚えていく上では、知性と要領の良さと人間的能力を備えている限り、栄達のための重要な能力となりそうだ。しかし、記憶力が良いということだけで幸せになりやすいかといえば、少し疑問を感じる。私の知り合いに、尋常ならざる記憶力を有し、周囲の人びとの住所や履歴まで全部覚えてしまう人がいた。その記憶力の中には、不愉快な、覚えておかない方がよい出来事もたくさん含まれる。良い記憶力のための楽しい思い出は少なかったのではないか。不要な記憶は、記憶処理用の引き出しに入れて、夜中に魑魅魍魎として出てこないように、封印する方がよい。封印するのに、安倍晴明の力を借りる必要もない。人間の脳の中には、記憶から毒を抜いて、そして必要があれば、また取り出して参考資料に使えるように残しておくような仕方で埋め立てておくべき引き出し・場所がある。もし毒抜きができず、その棚に収まることがないまま、記憶が漂うとすれば、その記憶は、ＰＴＳＤとなって本人を苦しめる。

欲望の起源は他者にありながら欲望が自分自身の、最も内奥（intimacy）を形成し、自分の固有性、秘密の小部屋であると思えるためには、起源は忘却され隠されなければならない。父親が欲望の起源である必要は無いのだが、そのような文化パターンのある地域では「父親殺し」という神話が作られるしかない。日本のように、父親が欲望の起源とはなりにくい社会では「父親殺し」はモチーフとして登場しないのも当然のことだろう。

性的欲望は隠されねばならないから、いや隠されなければ性的欲望としての条件を満たさないから、最も私秘的なものとして誤認されることによって、個体性を獲得することができる。性的というのは、対象の性質によって規定されるのではなく、欲望の形成過程の特質が「性的」ということの本質を形成する。内容において空虚であるが故に、多形倒錯に陥ることも簡単なのだ。

〈私〉のなかにかけがえのないものとして見出されるものは、ありきたりで、すべて他人から借りてきたものだ。しかしそういったものだけで、かけがえのない個体性と見えるものを、しかも自分からも他人からもそう見えるものを作るしかない。金メダルを取るというように、一位になるということは、一人にしか与えられない肩書きであるから、個体性として通用しやすい。一人の人間と一人の人間が相互に相手を選択して形成される夫婦・家庭も個体性が選択され、対としての新しい個体性が生まれるから、個体性の形成過程として標準的なものになるのは分かりやすいことだ。

いずれにしても、個体性の秘密とは個体性のなさなのだ。にもかかわらず、個体性なしに意識が自己を個体認識はできないし、それなしに意識は成立しないから、個体性は、意識の後を追いかけながら、最終的には意識を追い越して、意識の目指す目標の側《がわ》から、意識に個体性の刻印を付与しなければならない。つまり、自分自身を追い越さない限り、自分に追い着くことはできないと私は思う。

こういった意識達の競争も、我執や錯視として解消されなければならないものではない。対象（object）として現実性を与えられなければならないものなのだ。

忘却と記憶という一見すると相対立する課題が与えられる。しかし、忘却と記憶は論理的に対立するものではない。海馬は忘却と記憶の器官だからだ。ベルクソンの『物質と記憶』も、記憶と忘却の重要性を示す名著だ。しかし、私はここで彼の足跡を辿ろうとは思わない。情念の生成を跡づける道筋を再現しようとしていないからだ。私が知りたいのは、記憶が情念の生成にどのように寄与しているのかということだ。

忘却の重要性が哲学であまり強調されてこなかったのは残念なことだ。忘却とは記憶されていたものが無となることではない。忘却とは、意識の底、流れが淀み、底が水藻によって隠され見えることのない「淵」へと記憶を沈めることだ。淵に沈めたものも再び浮かび上がってくる。

人間を理性的動物として捉え、人間の本質を理性に局在化する度しがたい単純化を、叱り飛ばすだけの多様性を脳は備えている。脳は人間の思考の起源、原因というよりは、構造が学ばれるべき論理の体系なのだ。人間は脳の構造を模倣し、学ぶべきなのだ。人間が脳を作ったのではない以上、脳は外部を迂回して脳によって学ばれねばならぬ存在なのである。

瞑想とは自分を誉めることだ。バカな自分を誉めてこそ、賢くなれる。雑念だらけ欲望だらけの自分を誉めてこそ、雑念や欲望から離れられる。自分を誉めてこそ、雑記憶は記憶の奈落に沈んでいく。雑念だらけ欲望だらけ、それが人間なのである。雑念だらけの自分を雑念ごと全部受け入れろ。煩悩即菩提もそうだろう。煩悩を受容することが煩悩を離れること（煩悩の成仏）なのだ。

取り戻すことの不可能性

取り戻すことのできない過去を人はなぜ思い起こすのか。それは過去に戻って、その過去をやり直したいからなのか、過去を修復するために、人は過去を思い出すのだろうか。それはぜったいにできない。タイムマシンができて、もし過去をやり直すことができるようになってしまったら、世界が存在する意味は完全になくなってしまう。過去を取り戻すことは、郷愁や甘い追憶の出来事ではなく、世界を破壊してしまおうとする、悪魔的な残虐で非人間的な思いなのだ。それを認めてしまった途端、世界は滅んでしまう。

時間というのは、大きくて、とても切れ味の良い包丁を使うときのように、慎重に扱う必要があると思う。世間に時間論はいろいろ出されているのだが、前後の時間系列と、過去・現在・未来という時間系列を比較しようという考察を見ると、イライラしてしまう。

これでは、アウグスティヌスやトマス・アクィナスが格闘していた、救済される者の予定と人間の自由の調停しがたい対立という問題が、見逃されてしまう。中世の哲学的強者どもの夢の跡と詠んで済ませられる精神であればそれでよい。私は時間とはとても恐ろしい論点を含んだ概念だと思う。

故郷も滅び、失われ、親も亡くなり、取り戻すこともできない。喪われた過去を取り戻すことはできない。原初にあった正義に復帰することはできない。原初にあった無垢への郷愁。原罪論、無垢の原初に戻ることはできない。母の胎《たい》に戻ることはできない。

明示的な記憶システムは、もの忘れがひどく不正確であり、悪名高いのである。過去の記憶はもはやないものではない。三歳以前の経験を思い出すことができないという幼年期健忘は、暗黙的な情動記憶と、情動体験の明示的な命題的記憶の形成が別々のシステムによることと関連している（A・ミラー『魂の殺人』前掲書）。三歳以前の記憶は幼児期健忘という働きによって思い出されることがない。だから、この幼児期健忘を利用して、その時期に「しつけ」という名目で様々な虐待を幼児に加える親が後を絶たない。「鞭を惜しめば、子供が台無しになる（Spare the rod, spoil the child）」という諺があるが、体罰を加えれば子供は立派に育つと考えられ、しかも三歳以下の体罰は幼児期健忘によって親への復讐という危険性もないものとして、優れた幼児教育法と考えられてきたのだ。A・ミラーの『魂の殺人』が、こうした「優れた」幼児教育法の最も有名な産物が、アドルフ・ヒットラーという怪物だったことは、隠された体罰教育法の成果を示して絶妙である。

子供時代に被った心の傷は、思い出しはしないが、長く続き、その後の精神生活に悪影響を与えるとされる（ジョゼフ・ルドゥー、前掲書、二四四頁）。人間の精神は、意識の審級だけで構成されているのではない。表面に現れてこないからと言って、それが存在しないと考えるのは、きわめて危険な誤解なのである。

フラッシュバルブ、暗闇の中で一瞬だけ強烈に光り、その後また暗闇に戻る。その閃光の瞬間は鮮やかに記憶に残る。ケネディ大統領が銃で撃たれたと聞いたとき、何をしていたか正確に思い出せる人が実に多かったという。これはフラッシュバルブメモリー（閃光記憶）と言われる。

条件付け恐怖反応は時間が経っても、減弱しない。「恐怖の培養」、中学校のときにいじめられた英語の先生の恐怖や同級生からのイジメは、減弱することはない。

過去の虐待は意識に上ることがなくても、意識の底に沈殿し、魑魅魍魎として得体のしれない表象として姿を現し、本人を苦しめる。しかし、記憶は不変のものではない。過去の記憶を組み替えて、別の物語を作れなければ、未来は見えにくいときもある。擬死再生のモチーフが古来宗教の中で繰り返されてきたのは、そのためである。

過去の出来事とは、過去の中にある出来事であるとは限らない。出来事とは歴史的事実とは異なっているのではないか。

「いつもあなたはそうなんだから」、いつも大事なときに遅刻すると責められる。責められるべき記憶が一つの引き出しに収められていて、そこに一つ新しい記憶が蓄積されると、似たような行為をする人間として、頭の中に形象化される。似たパターンの記憶が寄せ集められるからだ。いつも遅刻し、永遠に遅刻し続け、いかなることをしようと、遅れず着いても、紛れもなく遅刻の行為として認知され、遅刻の受肉、遅刻の権化、遅刻の悪魔として責められ続けられる人間がそこに現れることになる。遅刻の永劫回帰として責められる。絶対的な極悪人が現れたのだ。責められるべき人間の登場だ。ここにも、夫婦げんかのパターンがある。

これは認識の問題なのではない。ケンカで向けられる言葉は過去の正しい再現ではない、として反論する者は、真理によってつまずく典型的な人間なのだ。記憶違いがあったことを指摘するのは、大きな勘違いである。なぜならば、似たような記憶が寄せ集められ、再現されているのだから、事実によって記憶と情念のパニックを鎮めようとするのは、月の光をタバコの煙で隠そうとすることに等しい。

大事なのは、そのような類似した記憶だけを瞬間的に集めてこそ、怒りとして沸騰できるということだ。対立する記憶も寄せ集められれば、感情が沸騰することはできない。そして、この感情の瞬間的沸騰は、怒りや憎しみといった否定的な感情においてばかりでなく、愛の情念においても重要なのだ。この瞬間的沸騰は記憶においては「フラッシュバック」として現れることも多い。

この瞬間的沸騰は、古代のストア派においては「エクフォロス（どうにも止められない心のはずみ）」と呼ばれていた。現代ではランナウェイとして知られる。嫉妬に狂って突然包丁を持ちだして斬りつけたり、テレビのリモコンで数十発殴ったり、とっさに普段は考えられないような行為をしてしまう。そして、すべてを失ってしまう。それを抑えるための「アンガーマネージメント」という方法があるといっても、多くの場合は、人生が破壊された後に教えてもらう。いや、教えてもらっても、「そんな怒りは私には関係ない」と思って、気にもとめないのが、ほとんど人間である。

記憶、いや過去は永遠に復讐する。記憶している者が死んでしまっても、それを誰かが学習し、受け継ぎ、復讐を伝えるのである。

情念の成仏

嫉妬、憎悪、憤怒、怨念など、負の情念は周りの人間にとっても苦しいものだが、本人にとっても苦しい。或る人がそういった情念を持っていると、発する気配は周りに漂い、陰々滅々たる雰囲気が漂うことも多い。昔であれば、光明真言が怨霊退散に有効な呪文とされていた。オン　アボキャ　ベイロシャノウ　マカボダラ　マニ　ハンドマ　ジンバラ　ハラバリタヤ　ウン。昔はこの呪文を唱えれば気配を打ち消すこともできたが、今ではこの呪文を唱えても、気味悪がられて、負の気配が増強されるだけである。

負の情念はそれ自体では、力を拡大し、及ぶ領域を広げることはできない。嫌われ憎まれ呪われるという負の力を得ることで強くなることができる。お互いに嫌い合う気持ち、呪い合う気持ち、憎み合う気持ちがあるとき、負の情念は我が意を得たりとばかり強くなっていくことができる。古来、悪魔は無の受肉したものであり、相手の墜落や否定的なものから自分の上昇する力を得る。相手が墜落して、そこから物質化する力を得るのだ。

情念が清らかなものになるのは、ストア派が考えたように、消滅することによってなのだろうか。負の情念は、嫌われ憎まれるという負の情念を向けられることによって成長するのであり、非存在を希求されるという負の情念を向けられれば、まさに消えかかった炎に油を注ぐことにもなる。

情念は燎原《りょうげん》の火のようにまたたくまに広がって行く。燎原の炎に、空から油の雨が降り注げば、その火はすべてを燃やし尽くす大火となる。

そういう状況で救済を招来するものは何か。逆説的ながら、それこそ「原罪」なのだとは言えないのか。というのも、強さではなく、弱さこそが、救済の物語の起源となることもあり得るから。

自分の力を確認すること、だからこそ攻撃性のある人は、「元気」であり実行力に富む。他者を支配できる力を確認するためには、力を行使してみないといけない。

仕事の基本定石としての plan-do-see は、「ほうれんそう（報告・連絡・相談）」と同じで、新入学生や新入社員には予想以上に効果があったりもするが、その公式は野放図に悪用されることもある。力は力を行使して、それを確認してみないと不安になる。ミサイルを造っても、相手国にちゃんと驚異を感じてもらえなければ、ミサイルを造った甲斐がない。ナイフマニアもガンマニアもコレクションが昂じて、実際に武器として使いたくなってしまうのだ。政治的な権威もそうだ。

情念と忘却の問題は、生成と消滅の関係にあるだけではない。忘却できないことは、情念が存在し続けるだけでなく、情念を過剰に肥大させることにもなる。

都会の片隅の陽の当たらないジメジメした四畳半の中で過ごしていると、都会は負の情念がわき上がる泥沼のように見える。山手線は、負の情念を東京全体に配給するヘドロの導管ではないのか。そんな風に感じたこともある。

人間の生き方を支配する基本情念は人により様々である。例えば、イギリスの哲学者ホッブズにおいては恐怖が基本情念だった。母親が、スペインの無敵艦隊の襲撃への恐怖に陥り早産になって生まれたのがホッブズだった。ホッブズは自分の出生について、恐怖と双子で生まれたと語っている。母親だけでなく、ホッブズの人生全体を恐怖という情念が覆い続け、そして、彼の哲学の起点もそこにあった。

恐怖に対象はない、対象に名前がないことも多い。何だか分からないものが恐いのだ。

未来とはいつもそういうものだ。不気味なもの、魑魅魍魎、妖怪がたくさん製造される。情念や感情には必ずしも対象は必要ない。憎しみや妬みの対象がつくりあげられ、殺意が対象に向けられ、悲劇がうまれる。

情念は必ずしも対象を定かには持たない。にもかかわらず情念は激しく迫り来る場合が多い。対象がないとしても、何らかの対象を激しく求めるのである。たとえば、自分が汚れた悪い人間であるかを確認し、その対象を具体化するために、残虐な犯罪に手を染めてしまう人間もいる。情念は激しく対象を求め、存在しない場合は、暴力的に発見するか作りだしてしまう。

西洋中世において現れた様々な神秘主義もまた、情念の対象の問題に深く関わった。彼らはそれをイメージとして表現し、そこから離脱することを勧める。

著者不詳の『密かなる勧告の書』には、「どうか今は、自分がありのままに存在するのだということだけ考えてほしい。そうすれば、けっしてそれほど汚れもしなければ、罪深くもならないだろう」とある（小山宙丸編『中世思想原典集成一七、中世末期の神秘思想』、平凡社、一九九二年）。ルースブルックの『燦めく石』あるいは「指輪」について』には、「霊的な人間になるためには、さまざまなイメージを空にすることである」とある

（前掲書所収）。イメージを取り除くとは、情念を取り払い、自己を無にすることでもある。しかし、そのような自己統御の方法も、自己流にすれば、統御とは逆に混乱に陥りかねない。

だから、神秘主義神学者として著名な、ジャン・ジェルソンは一五世紀にあったさまざまな神秘主義の流れに対して、注意深く接する。

神秘主義に対して強烈かつ強硬な態度をとり、神秘主義的傾向を持った学者に対する悪名高き迫害を行った学者もいた。しかし、ジェルソンは神秘主義を攻撃することは、神秘主義者達の炎を消すどころか燃え立たせることを十分に知る人だった。

彼は神秘主義に対して、『神秘神学理論編』『神秘神学実践編』を表し、神秘主義に対して、秩序と順序を与え、逸脱することがないように取りはからったのだ。禅においても、指導者を持たない禅がすぐさま「野狐禅《やこぜん》」に堕してしまうように、また理想とする思想のかたちを求めようとしない哲学が「野狐哲学」になってしまうように、神秘主義が、きわめて「野狐化」しやすいことを知っていたのだ。

抑制すれば反逆して過激化し、放任しても過激化する情念は合理的な道筋で制御できるわけではない。だからこそ、理性という、誤った道を突き進んで自己修正が難しい原理と対抗できるのだろう。ヒュームは、理性は情念の奴隷であり、奴隷であるべきだと語ったが、極端な主張ではなく、両者の関係をよく見抜いていたのだと思う。

正義と近隣偏差

情念はとても小さなどうでもよいことでも発火し、爆発する場合がある。一年前から立てていた親友との旅行の約束が直前になって反故にされた人の話を聞いた。どこにでもある話である。友だちの方で飼っていたペットが死にそうだという連絡があり、旅行がキャンセルとなった。仕方がないと思いながらも、心はざわめく。

友人にとって、自分よりもペットの方が大事だったのかという落胆と、約束は約束だから守るべきだという、民間倫理学が心の中に吹き荒れる。民間功利主義という思想もある。ちゃんとした功利主義というよりも、心の情念を正と負に分け、正の情念量を増やした方が人生は楽しいという発想である。負の情念があれば、見方を変えて、正の情念に変換できればよい。

過去のことは過去のことで、いくら悔やんでも仕方がないから、未来のことを考えよう。そうだ、確かに過去のことを考えても、実益や功利性には結びつかない。しかし考えずにはいられないとしたら、悔やまずにはいられないとしたら、それを「役に立たない」と切り捨てることはできるのか。

利益や功利性ばかりが求められる時代である。過去を悔やんだり、競争心や意気地やプライドなど捨てて、実益に徹するＡＩを大量生産し、社会の中心に置けば、社会は功利主義的にはうまくいく。人間を全部ＡＩに置き換えれば幸福の量は増えるかもしれない。民間功利主義を普及させれば、負の情念を持ち続けるのは「損」だ、「得」を増やす方が賢いという発想が普遍化する。「損」と「得」というのは、人間の心の制御の目安としては、大きな実効性を持っているから、重要な倫理学的特性なのである。

心が反応しないような倫理学的特性、たとえば正義や公平は「馬の耳に念仏」化する事態も考えられる。だからこそ馬には馬のための倫理学が必要であり、犬には犬のための倫理学が必要であり、人間には人間のための倫理学が必要なのである。天使のための倫理学や神のための倫理学は人間が考えるべきことではない。時としてそういう「御立派」な倫理学を考えようとすると、人間性が倫理学に反逆することも起きてしまう。

損得は当然のことながら大事なものだが、それは心の目安なのだ。目安であって目的ではない。もちろん、目的と目安は容易に混同される。大きな共同体においては利益が人民の福祉に直結するけれど、個々人の人生において、利益は目標ではなく、目安だ。巨万の富を得ても、幸福ではあり得ない。目安とは道路標識のようなものだ。道路標識を集めてそれだけで満足する旅行好きの人は目的と目安を混同する見本として生きる道を選んだ人なのである。

功利性よりも、約束や義務を重視する立場もある。約束は約束だから、親が死んでも高熱が出ても何があっても約束は守るべきだと考える人もいるだろう。

人間の一つの次元に捉え、そこにコード（法典）を与え、整合的な理論的体系を作ることを目指す者もいる。コード化可能性（codifiability）を重視する人々である。そういう理論に捕まる人間は、一次元的人間なのだろう。

ご近所とのほんのちょっとした違いにあれほど神経質になり、気にするのはなぜなのか。重要な倫理学的特質がそこに隠れているようだ。「近隣偏差」とでも呼んでよいような事態がそこにはある。

隣のマンションの方がちょっと緑が多い、隣の家のお子さんは週に五日も塾やお稽古事に通っている、ウチは四日とか、微妙な差異を気にする人は多い。それにヤキモキして、眠れない人もいる。兄弟での遺産分配（多くもないのに）、ケーキの分け方、くじを引く順番などなど、人びとはどうでもよい細かいことを気にする。領土問題のように、実害が大きい場合は、問題はさらに大きくなる。遠くの人との大きな差異よりも、隣や近くの人との微妙な差異を気にするというのはどういうことなのだろうか。

こういう隣の人との微妙の差異、これは一円やコメ一粒でも良いのだが、その差異（近隣偏差）を問題視する心の構えは人間が生き延びることに大きな影響があったと思う。人は、時として普遍性を語る。世界全体での福祉向上よりも、近隣偏差を解消することに人びとが全力を尽くすことは、倫理のあり方を考える場合においても重要な論点を含んでいる。

情念をかき乱すのが、近隣偏差だ。自動車の列への割り込みに激怒するのは、二、三メートルの差のせいだけではない。「いいじゃないか、ほんの少しぐらい！」と、たとえ少しであろうと自分の優位さを無理やり相手に認めさせようとする心持ちが激怒を呼ぶ。

隣や階上の部屋の騒音、いやとるにたりない生活音であろうと、殺人衝動に結びつくような怒りを引き起こすのは、人間の心に備わった心性によるのかもしれない。

とじかけた電車のドアを無理やり開けて、大きな危険を冒しながら「電車一本分得した」とほくそ笑む乗客は、ほんのちょっと得を他人にひけらかして、自分の優位を再確認するのだ。普段は一九八円の牛乳が、一九五円で売られていて、しめしめ二本買えば、六円の得だと喜ぶのは、庶民の生きる感覚だが、そこには倫理学に対するクレームが潜んでいる。

レジで直前に並んだ人と同じ商品の値段が一円でも違えば、労力と時間の損失を考えないでクレームに心を集中させてしまうのが、一般の人間であり、ロールズの『正義論』を小脇に抱えて、日々カントの倫理学書に感心する人は、「異常」な人々なのである。

六円や一円といった、この微妙な差異を読み取り、その差異が量において微小なものであっても、正への変化を含めば喜び、負への変化を含めば、悲しみ、それが他者によってもたらされたものであれば、その差異が僅少であっても、怒るのである。

高速道路で、強引に路線変更されて、眼の前の車線に入ってきた奴に、自分の安全が侵されそうになった気持ちと由来のはっきりしない正義感に基づいて、激怒して殴りかかる人びとは何を怒っているのだろう。自分のメンツをつぶされたと思うのだろうか。自分の言葉や思いやりが無にされて、侮辱されたと感じ、その人を呪い怒り、嘲ったり、暴力に及ぶ人は、どういう感情教育を受けてきたのだろう。

いずれにしてもアパテイア（無情念）を語るだけで解決できる問題でないことは確かだ。

正義と復讐

週刊誌には、タレントや政治家などに関するゴシップがこれでもかとばかりに、毎週のように報道されている。歌手が不倫したとか、有名人の子供が覚醒剤保持で捕まったとか、どうでもよい話題のはずだ。テレビのワイドショーでもそういうネタばかりである。しかも皆どうでもよいとはいいながらも、案外詳しかったりする。それはテレビに出てくる人たちがドラマやバラエティーに登場し、人びとに娯楽を提供し、楽しみを供給してくれる有名人として、気になってしまい、擬似的な知人として認知され、だからこそゴシップが身近な人の話題のようなものとして循環しているということかもしれない。

たしかに、自分の従兄弟や叔父の話題であれば、人々から関心を向けてもらいにくいが、有名タレントであれば、共通の「擬似的知人」として関心を惹く話題になるわけだ。

その際、めでたい話よりは、犯罪や不幸といったネガティブな事件の方が、話題としては盛り上がる。

成功した人々が挫折し、没落していく話が皆大好きだ。有名人の不幸ネタぐらい、楽しい話題はない。他人の不幸はカモ鍋のように甘くておいしい。

市長や国会議員や有名指揮者の不倫のゴシップなどを見聞して、「こういう人の倫理意識はどうなっているのかね」とか言いながら、自分のことになるとしっかりセクハラしている人はどこにでもいる。

知人の不倫を見かけると、わざわざ職場の上司に電話でご注進に及ぶ人も多い。正義感のなせる業なのだろうが、「学級委員長的正義感」と言えなくもない。姦通した女に対して、石を投げて石で打ち殺してもよいが、罪を犯したことのない者がまず石を投げなさいとイエスは言った。罪を犯していない人間はこの世には一人もいないというのが前提である。


すべての人間に罪をデフォルトとして設定することが、性悪説なのかというと、ためらうところがある。人間にはすべて他人を思いやる共感の心が備わっているという考えが性善説で、優しい人間の見方なのか、となると、価値をめぐる屈曲した道筋が現れてくると思う。

人間の倫理的デフォルトを高めに設定するのか、低めに設定するのか、それは人生の生き方に大きな影響を及ぼす。未来の幸福度の期待値を高めに設定した方が幸福になりやすいのか、低めに設定した方がなりやすいのか、考えても分かるように、低い方がよい。経済発展の達成目標は、低すぎるとマスコミが報道の種にしにくいから、最悪の未来が待ち受けても、バラ色に描くという傾向が見られる。

人間を性善説的に捉えると、もし都会の雑踏の中で、不愉快なことに何度も遭遇した場合、性善説は維持できるのか。自分の考えの甘さに辟易して、正反対の考えに転じるか、復讐を思い描いてしまうのか、分かりはしない。ともかくも、善から善が生まれるということは自明の論理ではない。

倫理学の基本の一つは「応報」である。「目には目を、歯に歯を」の原則であり、原因と結果、商品と値段、行為と評価、努力と成果など、一方と他方が量的に対応していることが大原則とされている。対応していない場合、ほんのちょっとの違いでも、心は大きく揺れ動く。一円の違いに心がざわめくのは、一円に対してではない。前の客より低く見られた、という比較、前の客に負けた、という敗北感のゆえに傷つくのだ。一円でも一点でも、勝利と敗北、合格と不合格、というように決定的な差異が生まれる場合もある。

こういった二つに一つという対比、天国と地獄という落差は、人間の頭の中にこびり付いている。善と悪、幸福と不幸というのも、そういった二項対立で考えてしまいたくなるのだ。そして、ここに倫理学の奈落が存在している。


打って変ってキリスト教は基本的には応報思想なのではない。人生を因果応報で考えること。善いことをしたら善い報いが与えられ、悪いことをすれば悪い報いや罰を与えられる。そうした方が分かりやすいからだ。悪い事柄が起きれば悪いことをしたせいだ、善いことが生じれば善いことをしたご褒美だと思う。それは確かに未来に向かって努力する人間が、やる気を起こすための、努力する動機を得る枠組みになっている。怠けがちな心を叱咤激励する装置が「倫理学」として捉えられてきた。

因果応報思想は、たとえばガンになって苦しむ人に対して、それは「親の因果が子に報い」という形での先祖の悪行の報いか、自分自身の不養生のせいか、という仕方で非難の目を向けてしまう。そして、本人は私が悪かったのかという思いの中で鬱状態に陥る。

しかし、ガンは罰なのだろうか。罰でないとして、それを治す道が開けるのではないとしても、罰として捉えることで、患者が自分自身を非難する必要はないこと、「私が悪かったから、ガンになった」と自分を責める必要はないことは考えてもよい論点だ。ガンは罰ではない。

応報は分かりやすい人生論の枠組みだ。しかし、因果応報の苦海を抜け出すことが、成仏することによってしか可能ではないとすれば、成仏が真理の認識によるのか修行によるのか世俗内での勤労といった行為によるのか、世俗を離れ勤行などの宗教的隠棲によるのか、いずれにしても難しい条件を実現できる人は少ない。

因果応報は、人間世界の真理であったとしても、それ自体では救済の手引きを含んでいない。普遍的救済を図るとき、そういった因果応報思想は乗り越えられるべきである。因果応報思想を乗り越える条件を人間の自由に見出す思想は、近世以降主流となる。しかし、因果応報思想を温存したままでの自由論は現在にも残っていて、病気の人が自分自身を責めてみたり、周りの人が「あんな生き方してたからよ」と冷たく見捨てる眼差しにその名残が見える。

応報は、現実の人間世界を生きていくための基本原理である。しかし、魂の救済に同じ原理が機能しているとは限らないし、最近の倫理学の中でも、ケアの倫理や感情労働の問題（そしてそこに潜む問題を扱うための倫理学としての「感情倫理」）は、応報では決して裁ききれない論点を含んでいるのである。

第五章 過去との和解

返済可能性

過去を償うことはどうすると可能になるのか。「償う」ことと「贖《あがな》う」ことは日常語ではほぼ同じものとして用いられる。辞書的には、「贖う」とは、金品を代償として支払うことで、罪を免れることだ。しかし、キリスト教の中では、「贖う」とは、「買い戻す」ことであり、売られて奴隷となった者に対して、借金を払うことで奴隷となった者を買い戻し、奴隷の身分から解放してやることと考えられている。

奴隷の代わりに罪の状態にあることを考えれば、宗教的な側面が現れてくる。律法を破ることで罪の状態に陥った者、つまり倫理的に負債の状態に陥った者の負債を代わりに支払ってやることで、罪人・奴隷の状態から解放してやることなのである。贖いにおいて重要なのは、買い戻すという契機と、解放という契機が含まれていることなのである。したがって、キリスト教において「贖う」ことができるのはイエスだけなのである。

「償う」とは何か。テレサ・テンの「つぐない」の歌がすぐに頭に浮かぶ。いい歌だ。財貨や労働によって、恩恵に報いるかまたは罪過を免れること、損害を埋め合わせることが賠償することだ。失われた均衡や対称性を取り戻すことである。こちらの方は人間にも可能なことだ。

償うことは人間にも可能だが贖うことは人間には不可能であり、イエスにしかできない。その奇跡が実現されるかもしれない世界の到来がクリスマスだったのだ。

「償い」はラテン語では satisfactio である。トマス・アクィナスの定義によると、償いとは、正義の等価性に即してなされた不正行為の補償である。つまり、元に戻すことである。カトリックでは「免償」と訳され、告解によって赦免された罪責を、元の状態に戻すためになされる喜捨や断食や巡礼といった行為のことである。「贖罪」という言葉もある。「罪を贖う」ことだが、人間の罪の状態を贖えるのは人間ではないから、「贖罪」が人間のなし得る行為と捉えられるとすれば、よい訳語とは思えない。

正義や正しさは、過去の均衡状態、負債のない対等の状態への復帰を目指す。この枠組みで言えば、人間はこの倫理的に負債なき状態に復帰できると考えられる。アリストテレスの正義論は、この原初にあった均衡への復帰こそ、正義とされていたのである。キリスト教も基本的には同じである。

しかし、アウグスティヌスが人間の原罪の徹底的強調を狙ったとき、人間による均衡状態への復帰の絶対的不可能性を主張した。この点は、東方正教会と対立する論点となった。東方正教会では、人間の神化が語られ、人間が神＝イエスに近づくことが理想状態とされた。アウグスティヌスは、そういった原初における均衡状態への絶対的到達不可能性が出発点となる。

神に近づくこと、人間による正義の絶対的不可能性こそ、大前提であった。そのために、その根源的罪悪性の普遍性、脱却の不可能性を語るために、アダムによる堕罪、そしてその遺伝、その証拠としての肉欲が語られたが、重要なのは、正しさへの復帰や正義と言った枠組みが、宗教的救済には適用できないことを徹底的に示したことだった。「償い」と「贖い」の決定的違いの強調と言ってもよい。

免罪符——正しくは「贖宥状《しょくゆうじょう》」である——を買って、天国を目指す救済の枠組みを堕落したものとして忌み嫌ったのがルターだった。正義、しかも量的なモデルを設定し、過去の量的均衡状態への復帰を基本とする、世俗的正義はアウグスティヌスにしろ、ルターにしろ、忌み嫌うものだった。量的モデルにしたがうと、結局正義も天国もお金で買えることになってしまう。もちろん、お金で買える正義や天国という枠組みの方が分かりやすいという人もいるだろうが、来世は現世の延長ではないと考える人は多い。来世が現世の報いとしてあるのであれば、人間は現世を二度生きることになる。それは意味がない。もちろん、両者を切り離して独立のものとすれば、来世が現世の行動に何ら影響を及ぼさなくなり、それまた宗教の意味をなくしてしまう。両者の非連続性を前提にして、現世と来世両方の倫理的規範を設定しようとしたのが、中世末期の唯名論の狙いだったと思う。これを説得力を持って示すのはこれからの課題だ。

話を戻す。過去の栄光に寄りすがる、過去の美しさを取り戻そうとする、そういうことは時間の流れに抗することで、往々にしてアンチエイジングに失敗して、老化を促進することになるかのように、現在の惨めさを際立たせることになる。いかに過去に栄光を築いていても、現在のところまでその栄光が届くことはない。過去の栄光は記憶とともにもたらされ、記憶を共にしていない者はその光を享受することはできない。現在を慰めるために過去の栄光を呼び起こすことは、落差を突きつけられるか、落差を落差として認識しないために現実を誤認するしかなくなる。過去に生きる者は、現在をますます生きにくいものとする。

過去に立ち向かうとき、過去を取り戻そうとしたり、過去の負債を払いきって過去を回復することを心から願って、それが叶わないことを知る場合、人は過去から背負わされた負の状態から、さらに負の重荷を背負って、さらに負の値を増やしていく。過去は過去のためにあるのではない。過去は過ぎ去ってしまった状態においては、未来に向かうためのものとしてあるはずなのに、過去の負債が、未来への歩みを絶望的に重いものにしてしまい、歩むことを妨げてしまう。その場合、過去を贖うこと＝返済を完了することは、人間に可能なことではないのかもしれない。贖うとは、負債を払うことで、解放することだった。過去を贖うことができれば、話は変わってくるのだ。

人間には不可能な人類全体に課せられた無限大の負債を払い、贖うことができる者こそ、神に近い者とされ、それこそ奇跡の技だったのだ。しかし、奇蹟とは魔術師のように通常の人間にはできない不思議な能力が具体化することに過ぎないのか。

奇蹟も起こさず絶対能力も発揮せず、それでも神である存在者を、神と考えることはできるのかどうか？　イエスが神であろうと人間であろうと、圧倒的な途方もなさによって、ユダヤ教を普遍的に一神教に変える起点となった。爆発的な駆動力をもった人物であったことは確かだ。巨大な重い石の円盤がゴロリと少しでも動き始めるためには、爆発的な力が必要となる。回り始めた石の回転を維持するのは、それほど大きな力は必要ではないとしても、動かし始めるには途方もない力が必要なのだ。

或る者が人間にとっての新しい物語を作り、人々がそこに集まり、その新しい物語を具体化していくことは、それこそ奇蹟的なことだと思う。

自分への旅

自分は自分だ、自分は今ここにいるじゃないか、自分は世界に一人の貴重な存在だ。そんな風に自信を持って言える人、実際にそのように考えられる人は幸せな人だ。そういう人にとって倫理学は遠い存在である。強い人間に倫理学は不要である。

自分は今ここにはいない、だからこそ、自分を探しに出かけなければならないと感じる人こそ、倫理学に招かれるべき客人なのである。

概念によって自分に近づこうとする者もいる。自分が何をしたいのか、確かめてみるために、いろんなことに手を出し、これでもないあれでもない、と手当たり次第に試してみる。そのとき、本当の自分に出会っているとしても、出会った場合に、出会っていることを認識するための基準や目印がなければ、出会っても、そうかもしれないという予感と、そうではないかもしれないという不安の中でやり過ごしてしまうことも起きるかもしれない。「ほんたうのしあはせ」(宮沢賢治)はどこにあるのか。本物に出会った場合に確かめる徴はどこにあるのだろうか。

胸がときめくところ、求めているものが近づいてきて、それに応じて、心が喜び、興奮するとき、本物に出会っている感じがする。

心がときめくところ、それは世界との間で出入りや交換がなされるべき、出入り口のあるところであり、世界の中に足場を見つけ、そこで生きるための目印になるものだ。世界という平坦な地平に、高低差や移動経路や進むべき正しい順番が現れてきて見えるものになってこそ、世界は住まわれるべき環境を備えることになる。世界に住もうとしている者が、世界に住むためのハビトゥスを身につけると言い換えてもよい。

世界を開拓し、住み込むことこそ、自分を探すということなのだろう。なすべきことは無数にあって、そのなかで自分の世界を構成するのに必要なものは一部分である。どれが本質的で、どれがそうではないのか、見極める感覚が「胸のときめき」ということだ。

希薄なリアリティ感覚の中で、こんなことをしたら死ぬかもしれない、誰にも見つけられないと死ぬかもしれない、いや見つけても助けてくれないかもしれない、血が流れていく、もうすぐ死ぬかもしれない、という緊迫感の中で、自分の生命の存在が際立ってくることもある。失いかけてこそ、その存在感が感じられることもある。

緊迫感は別のところにも求められる。万引きは悪いことだ、しかしそうでもしないと自分の生きている感じが確かめられない、自分のリアリティを確かめるために、見つかるかもしれない、見つかったら終わりだ、でもきっと大丈夫だ、この前うまく行ったから、でもダメかもしれないという心の揺らぎの中で、最高地点と最低地点の間を何度も往復しながら、陶酔と絶望の間を往復しながら、自分が生きていることを確かめるために万引きをしてしまう若者がいる。

希薄なリアリティを埋め合わせるのは、いや欠落を一瞬でも感じないで済むのは、胸が高鳴る緊張感の最中なのだ。万引きばかりでなく、近くの飲食店にいたずら電話、とりわけ女性店員に性的ないたずら電話を何度も繰り返す中学生は、自分が存在している感じを求めたのだろう。性的ないたずら電話はもはや減ってきたけれど、それを繰り返す青年やオジサンはきっと寂しいのだ。

薄い空気の中で、呼吸が苦しくなって、濃い空気・強いリアリティが味わえるような瞬間を求めて、もしかしたら禁じられた領域にこそリアルなもの（本物）が隠されているのではないか、立ち入ることが禁じられた領域に侵入し、聖域を侵犯するときの興奮を求めて、人びとは過ちを犯す。興奮と達成感はありながら、境界のこちら側とあちら側には空気の違いはないことを確認してしまうと、侵入禁止は単なる虚構と思ってしまう。山の神の祠に収まった小石を道端の小石と交換しても、鳥居に放尿しても神罰は当たらないと思って、その禁止事項を犯すことは、許されざる倫理的境界が、外界に物理的に引かれたものではなく、心の中にある境界線であることを見ようとしないことだ。聖と俗の違いは物理的な違いではない。

立ち入ると罰が下るとされていた村のはずれの祠に入り込んで何も起こらないことに気づいて神仏はいないと思う子供と、コンビニで万引きをして見つからないことに味を占めて、テレビカメラでお見通しであるのに万引きをしてもかまわないんだと思う少年は、どこか連続するところがある。常習犯罪者は心の中の倫理的装置を壊したまま、壊して起きているはずの痛みに気付かないままだ。

いや、昔から雷が落ちるとか、病気になるとか、経済的な損失を被るとか、身近な人が死ぬとか、神罰・仏罰のようなことが起きないと、律法を破ってもかまわない、見つからなければかまわないと思いがちだ。そして人間に見つからず、超越者からの罰もないとすると、法律違反であっても、許されると思う人は多い。見つからなければ悪いことは成立しないという、利己的倫理学を自分で作り上げてしまうのだ。

人生とは自分への長い旅である。そしてそれは死出の旅路でもある。イエスがガリラヤからエルサレムに上る道も死出の旅路であったのだろう。

人間の圧倒的多くの人々は、イエスのように生きようとは思わない。朝目覚めるとともに、今日夕方まで生きられるのかという悲壮な決意のもとで生きるわけではない。末期的な病状になれば、誰でもそういう決意を持たざるを得ないのだが、その日が来るまで考えないのが普通の生き方だ。

終わりを迎えようとする生の歩みは他の場合には決してありえない燦然《さんぜん》たる、いや独自の輝きを放つ場合もある。

例えば、『曽根崎心中』に記される死出の道筋を記した道行きの文章はあまりにも美しい。

此の世の名残。夜も名残。死にゝ行く身を譬《たと》ふれば。あだしが原の道の霜。一足づゝに消えて行く。夢の夢こそあはれなれ。あれ数ふれば暁の。七つの時が六つなりて。残る一つが今生の。鐘の響の聞納め。寂滅為楽と響くなり。鐘斗かは。草も木も。空も名残と見上ぐれば。雲心なき水の音北斗は冴えて影映る星の妹背の天の川。梅田の橋を鵲《かささぎ》の橋と契りていつまでも。われとそなたは女夫星《めをと》。必ず添うと縋り寄り。二人が中に降る涙川の水嵩も増さるべし。（近松門左衛門『曾根崎心中』岩波文庫、一九七七年）

人生という道行きにおいて、春先の桜の花が胸苦しくなるまでに美しく見えるのはなぜか。日本人は桜花の中に幾ばくかの死の匂いを感じ取る。昔から語られてきた桜のような散り際の美しさが、イデオロギー的な脚色が加わっているとしても、心をざわつかせる。自分が来年この場にいられるのか、人により公算は違っていても、非存在のイメージが満開の桜の風景に重ねられ、寂しさを滲ませた華やかさが現れる。いずれにしても、死出の旅路において見る桜こそ絶妙の色合いを放つ。

死出の旅路が自分への旅路でもあるのだ。これは生命現象が成立し、生命を担う連鎖を構成する個体が、いかに長く生命を保とうとも、「種」においてしか自己を保ちえず、個体としては滅びざるを得ないことを意味する。

個体とは滅びゆくがゆえに、はかなく空しいものではなく、滅びて行くことこそ、個体としての本分を全うすることなのだ。人間は個体としては滅びて行くためにこの世に存在し始めたのである。個体としての生命の意味は、意識の水準にとどまる限り、理解しにくいし、理解したくない事柄なのだろう。

存在という祝福

自分の顔を見るのがいやでいやで仕方がない人と、自分の顔を見るのが好きな人では、人間のタイプが全く異なっている。本人がどう見ているかと他者がどう見ているのか、そのあたりにはいつも大きな非対称性がありながらも、それに気付くのか、気付こうとしないのか、気付く前から気付いてしまっているのかで、おおきな違いが出てくる。

机に鏡を欠かすことなく、しかも自分の写真を恋人の写真よりも目立つところに置いている友達がいた。自分が大好きなんだろうと思っていた。

笑顔がひきつる、いや自分の笑顔がひきつると感じてしまい、気になって仕方がない人がいる。私のことだ。自分の顔が大嫌いだった。美男子だったら自分の写真を飾れるが、そうでない人は飾ったりしない、ということを言いたいのではない。

自分のことが好きな人は、自分のことを喋りたいのだ。喋って聞いてくれる相手を探すために友達作りに励む人も多い。

私は子供のころから自分のことを語ることに難渋してきた。みんなと同じようなことがしたくなかったのだ。世界への違和感を覚えていた。目の前の世界は散文的で、毎日毎日小さなことで怒ったり憎んだり争ったりいじめたり攻撃したり、小さなことで一喜一憂している姿を見て、とても気持ち悪いと感じていた。この「世界」とは居心地が悪く、気持ちの悪い空間なのだ。ずっとそんな風に感じてきた。小学校も中学校も高等学校も大学に入ってもそういう、世界からの「余所者《よそもの》感覚」が抜けることはなかった。

論文をいくつか書いて、評価されるようになり、大学に職を得てからも、そういう「余所者感覚」は抜けなかった。私はどこに行っても「異邦人」なのだ。存在が呪われる人物なのだ。

世間から離れて、交際を絶って暮らしたスピノザでさえ、その名前はベネディクトゥス・スピノザだ。ベネディクトス（Benedictus）とは、bene（善く）＋ dico（言う）＝ benedico（祝福する）からきたものだから、「祝福された」という意味である。私はマレディクトゥス（maledictus 呪われた）存在だ。そう思っていた。

存在の中には、祝福されるものと呪われるものがあると思っていた。しかし、存在論の歴史を調べていくと、存在の意味が分かってくるというよりも、ますます分からなくなっていくだけだったのだが、「存在」と「祝福されてあること」は相重なるものであると感じるようになっていった。西洋中世哲学において、「存在と善は互換的である」と述べるとき、存在は善であり、善は存在であると事も無げに語られているのである。無邪気な楽天主義ではなく、ゆるぎない断言なのである。

いや、生まれ出でたばかりの、血まみれの中で生を受けた我が子の存在に対して、ここで祝福しなければ、何を祝福したらよいのか、そのような思いの中で、存在と祝福が重なることに思い至るようになった。私は世界の中の腫瘍として切り取られるべき存在ではなく、世界の生地の一部をちっぽけながら構成していると感じるとき、世界の見え方は少し変わってくる。

自意識過剰になり、自分を忌み嫌い、世界から隠れようとしている若者はとても多い。朗らかに自分大好きを表に出す人々はそれほど多いわけではないが、テレビに出てくる人はそういう人が多いし、世間で目立つから、「自分大好き」人間が世界を席巻しているように思ってしまうが、そんなことはないのだろう。

テレビの番組やらＣＭや広告などで、タレントや俳優と言われる人びとの顔が到るところに露出している。どれも屈託のない笑顔をしている。ところが、一般庶民が写真をとるとなると、もちろん、カメラを向けられると絶妙の笑顔ができる人も多いのだが、かたやカメラを向けられると、緊張して歪んだ顔しかできない人も多い。

私は自分の声が嫌いだ。自分の主観性も意識も嫌いだ。自分の存在を呪っていた。しかしなぜか死んでしまいたいと思ったことはない。死んだら楽になるという保証はなかったから。

自分の声で哲学を語るとは何のことなのか。自分の意識で哲学をするというのはどういうことなのか。自分の意識を器にして、そこで哲学するというのは、哲学していることの条件を満たすのだろうか。

〈私〉と哲学とはどういう関係なのだろう。ディズニーランドと、そこから一〇キロ離れた交差点の信号機との関係と同じようなものでしかないとすれば、なぜこの意識で哲学を考えようなどと思うのだろう。

〈私〉という意識が私自身に向かう働きは、反省や自己意識や良心という名前で呼ばれてきた。もしそういった鏡に映った〈私〉の似姿に馴染みがあって親しげなものである場合、〈私〉が〈私〉自身に出会うことは容易なことだろう。デカルトが「我思う、ゆえに、我あり」と述べたとき、推理ではなくて、思惟と存在との直接性の確認であったとしても、この「我思う、ゆえに我あり」をどう解釈しようと、〈私〉と〈私〉自身との間にぎこちなさや緊張感や禍々しさは漂っていない。しかし、もし不愉快な感じが抜けないとすればどうすればよいのだろう。

〈私〉は〈私〉自身に対して、「私よ！」と呼びかけるべきなのだろうか。鏡の中の〈私〉がそっぽを向いたらどう対応すればよいのだろうか。

奈良時代の歌人達が、奈良の都に「あおによし」と呼びかけ始めることで、国褒めをするとき、世界に向き合うための重要な儀礼の暗示を行っていたように思う。何かに新しく出会うためには、祝福（benedictio）から始めなければならない。朝その日初めて人に出会うときの挨拶は祝福なのである。祝福から始めなければ出入り口は閉じてしまう。未来に対しても同じであるはずだ。

道を歩きながら「チクショウ、バカヤロ」と呪詛吐きをしながら歩き続ける「呪詛吐きオジサン」は世界への出入り口を閉じ続ける言葉を吐いている。「開けゴマ！」とは全く反対の呪文を世界に対して語り続けている。

存在は祝福されてこそ、自分の位置を定めることができる。

異邦人のための倫理学

　世界に一人しかいない〈私〉、事実的に一つであり、かけがえのなさを備えているのだが、唯一性という希少性を担保する実質が欲しくなる。縄文杉が世界遺産であるのは、二〇〇〇年以上の寿命という稀なる長寿を誇っているからだし、富士山が珍重されるのは、単独峰としてそびえ立ち、その美しい姿が日本の中心たる大都市から直接見られるということにある。いずれも価値と重要性を担保する実質を備えている。しかし、〈私〉はどうだ。世界に唯一のかけがえのない価値を持つとはいえ、その実質はどこにあるのか。

〈私〉とは単独で存在しているものではない。他者を鏡として、〈私〉がここにあるように見えるだけなのだろう。他者像、他者図式、他者とは他我（alter ego）であり、他者という鏡がなければ自分を形作ることはできない。他者を大事にできない者は自分を見つけることもできない。

哲学者は孤独であるべきだ。いや、孤独であるべきとされてきた。なお、ここで言う「哲学者」とは小文字の哲学者だ。大文字で語られる哲学者はソクラテス以外には存在しないと思う。孤独であろうとしない者は哲学などできはしない。確かにこれもまた大いなる事実なのだが、これからの時代は共同作業を難なくできる者しか哲学で飯を食べていける時代ではないと思う。

ただ、ともかくも人びとは孤独の中で、荒野において、旅の中で、絶望の中で、病気の中で深い思索を行ってきた。幸福な者に深い思索などできはしない。

異邦人・旅人は本来的な思索者なのだ。慣れ親しんだ生活の中ではルーティーン・ワークに追われ、哲学を教える者も教科書の中の哲学を教え続けることになる。そして、教科書や本の中に哲学はないと昔から何度も何度も繰り返し教え伝えられてきたが、そんな説教をものともせず、消費物として哲学が販売される時代なのである。

哲学とは荒野で語られるものだ。荒野で食べるものにも事欠くがゆえに哲学者は歓待されるべきなのだ。勧進僧が厚遇されるように。

近代人は「歓待（hospitality）」ということを長く忘れたように思う。現代では、「歓待」

とは飲食物や娯楽で客人を厚遇することになってしまった。デリダも歓待を語る。その歓待論は切迫した難民を受け入れるための歓待論のようだ。これからさらに増えそうな難民を迎え入れるために歓待論は必要だ。

しかし、歓待にはもっと広い意味が含まれているように思われる。歓待とは、異邦人・余所者・旅人を、自分の国へ・自分の町へ・自分の家の中に迎え入れ、招き入れることだ。異邦人・余所者・旅人は「他者」だ。他者を内部に取り入れるとき、「自己」は不安定なものとなる。

「歓待の掟」というものがある。客人は無条件に歓待されるべきなのだ。代金を取らず、可能な限り厚遇することが、歓待の本質なのだ。近世初頭の歓待論には次のように、歓待の四つの条件が挙げられている（デイルシャンプ『キリスト教歓待論』、一六三二年）。

1．心から招き入れること、2．朗らかに楽しませること、3．忠実に保護すること、

4．礼儀正しく別れをなすこと。

歓待の対象は一般的には次のようになる。1．すべての異邦人・旅人（strangers）、2．自分たちと同じ信仰を持っている異邦人・旅人、3．同じ信仰を持ち、それを公言したために迫害され、追放されてしまった異邦人・旅人。

「預言者故郷に容れられず」（ルカ伝第四章）と言われる。苦難の中にある異国の同胞こそ、歓待の対象なのである。宗教的信念のために迫害された人々は、歓待されるべきなのだ。

普段住んでいる場所を離れて暮らすこと、その場合、様々な不自由に見舞われる。自ら進んで、自分の居場所を離れる者こそ「旅人」である。

「旅」とは何か。普段住み慣れている場所を離れ、遠くへと遍歴することだ。普段の住まい、寝具、衣装から離れ、したがって食べるものにも不自由し、服装も思うように替えることもできず、風呂もままならず、痛む足腰を養生しながら、旅を続けるしかなくなる。旅人とは、傷を受けやすい（vulnerable）な状態なのだ。殻を失ったハダカのヤドカリのように、弱い存在なのだ。

弱い存在であるがゆえに、「歓待の掟」が定められ、旅人に対しては無条件の歓待が義務付けられたのだ。

芭蕉はそぞろ神がとりつき、道祖神の招きによって、旅に出てしまう。旅とは居場所からの脱出ということばかりではない。旅とは外部に出ていくことによって、外部を取り込む運動なのだ。

哲学は基本的に定住型の思考によって紡がれてきた。例えば、アリストテレスの思想は定住型・蓄積型である。国家も政治も定住型の生活に基礎を持っている。だからそこに基本が置かれるのは当然のことだ。しかし、他方に旅人型の倫理学がある。清貧に生きる人は、所有する財産もなく、遍歴する人びとである。世界を住処とする人である。西洋中世アッシジのフランチェスコは、旅人であった。彼は、異邦人・外国人としてこの世（人間世界）に寄留する人だったのだ。彼の生き方は、内部と外部を制御する文法を破壊することだった。だからこそ、彼に続く中世のフランシスコ会の神学者には、グロステスト、ロジャー・ベイコン、ペトルス・ヨハネス・オリヴィ、ドゥンス・スコトゥス、ウィリアム・オッカムなど、近代哲学に連なる新しく挑戦的な思想家が陸続と現れたのだ。

心の落ち着くところ、居場所に留まる限り、人は心地よい環境の中で住まうことができる。「住む＋ふ→住まい」、それは住むことが安定した形となったものだ。建物だけでなく、住み方、立ち居居住まいをも含んでいる。

そういった住まいこそ、「ハビトゥス」の典型的な姿だ。ハビトゥスとは慣れ親しんで、意識しなくても容易にできるようになった能力の蓄積なのである。ハビトゥスとは心の居場所なのだ。私はハビトゥスを重んじる。私の考えはハビトゥスに始まり、ハビトゥスに終わる。

旅は古いハビトゥスを離れることだ。それは新しいハビトゥスの形成につながる。フランチェスコのように、父母の家を離れた者は、永遠の旅人としての境遇を引き受けることであると同時に、世界そのものを我が家とした人でもある。だからこそ、彼もまた普遍的宗教を担う人として「父」と呼ばれるべき人なのだ。

敵と外部なるもの

倫理学は普通、敵との関わり方を論じはしない。隣人愛や共感は語られても、敵への攻撃心が倫理学で語られることはあまりない。敵にも歓待が向けられるべきだと語られることはない。歓待されるべき異邦人とは危害をこちらに加えない限りにおいてだから。

カール・シュミットは「政治的なもの」を人間の行動の起源に置き、それこそ敵と味方に分け、そして敵と味方の間の敵対性こそ、人間的行為の最たるものと考えた。敵への恐怖心、敵を攻撃して殲滅しようとする血の沸騰と精神の高揚、食欲も睡眠欲も忘却して、迅速に激しく行動に向かう様は、人間において激しく現実化しようとする力の表れである。

憎しみと情念に生きる者が倫理的に生きることは可能なのかどうか。憎しみに生きる者は「鬼」である。鬼は倫理性の彼岸にある。倫理性の彼岸にある者は愛の対象となるのかどうか、絶対他者にも歓待は施されるべきなのか。

この世界の中に絶対許すことのできない者、生かしておけないと思う者が存在すると考えるようになったとき、その憎しみと憎悪の対象は倫理性の外部に置かれることとなる。この世界に倫理性の外部があると考えること自体が、自ら倫理性の外部に立とうとする行為だ。「鬼」となって、鬼と鬼が殺し合う世界がそこに現れる。「鬼」とは外部の者ということであり、外部が歓待されるべき者ではなく、殺されるべき者であると捉えるとき、鬼と鬼との無間地獄が現れる。鬼と鬼との間に倫理はない。永遠に殺し合うだけだ。

攻撃衝動やイジメは悪だ。それは本人にとっても周りの他者にとっても危険であり、害毒である。ない方がよい。なくしなさい、なくした方がよいと語って、攻撃性がなくなるのであれば話は簡単で倫理学も解脱も法律も要らないだろう。言葉でなくすことはできない。いくら言葉を積み重ねても。だからといって、言葉は無力であると短絡的に考えたいわけでもない。

攻撃衝動や怒りや嫉みや憎しみは合理的に知性によって操作できるものではない。もしそんなものであれば、自分の人生のすべてを復讐に費やす人間はいないだろう。憎しみと復讐に生きる者は、憎しみと復讐こそがすべてであり、自分も他者も、利害も損得もない。憎しみの塊が生き、歩いているだけなのである。そうやって、鬼や怨霊や幽霊として生きるあり方を否定するつもりもない。この世の非道を償うのに、怨霊や幽霊として生きるあり方が存在しないとしたら、広島も長崎もアウシュヴィッツも哀しすぎる場所となるだろう。

怨み、いや心に染みついたハビトゥスとしての怨みは、言葉で制御できるようなものではない。言葉による慰めは余計なのだ。言葉で制御できるものではない。言葉と知性（理性）によって制御できると考えるとすれば、ストア派的に考えることになるが、言葉と知性で情念を制御できるというのは情念を見誤っていると思う。そういった情念であれば、自己と他者、そして多くの人間を破滅に導く破壊力を育てることはできないと思う。

ハビトゥスは知解可能性の領域に属するものではない。表象可能性の領野に含まれるものであれば、言葉で知性的に制御できなくとも、演劇、映画、音楽、講談、落語によって、毒抜き（浄化＝カタルシス）をもたらすことはできる。私が知りたいのは、そういったものによっても浄化できずに心の中にくすぶり続ける情念、いや心の一番底からドクドクと湧き続けてくる情念の方なのである。真っ黒で、ドロドロし、腐った臭いを放ちながら、どこへ流れてゆくことなく、心の底に澱のように溜まり続け、すべてを覆い尽くし、世界全体を、浄化不可能な腐海に沈めてしまうような情念である。

そんな情念などない、と言い切れるのであれば、その人の言葉を私は信じたい。しかし、歴史をちょっとでも振り返れば、残虐と怨みは無尽蔵に見出される。

そういった領域は、言葉でも芸術でも処理できず、すべてを呑み込み尽くす。私は、その領域に立ち向かいうるのは、ハビトゥスではないのかと思っている。真言密教でいえば、不動明王の憤怒の相によって働きかけるしかない爆発としての情念なのである。ハビトゥスとはいわば修行によって形成される防御壁なのだ。

敵とは何らかの予想のもとに構成されるものだ。まだ見たことのない敵について、手に入った断片的な情報を取りまとめて、敵の姿が形作られていく。天狗やら鬼やら異国の民やら、見たこともないから表象のしようのないものを概念のままでは不安だからなのか、形象化して、眼で確かめられるようなイメージを与えて、様々な恐れを持とうとする。対象のないものへの恐れは、不安として、制御できない形で心の中に現れ、その人を苛む。形があれば、竹の棒やら木の棒で対抗することを夢想できる。

人間においても、まだ見たことがない敵や愛の対象について、様々な妄想が生じてくる場合がある。情報を確かめることのできない場面では、そして図像化しようという衝動が強い場合には、妄想は肥大化していく。

思春期や青年期のように、他者との出会いが始まりかけているか、まだ始まっていない状況においては、対象の先行的形成と対象についての予期が生じる。

被愛妄想、被害妄想、体臭恐怖などなど、それらは他者を待ち受け、予期していることから生じる。中世神学において、先行的恩寵という概念があった。求めている対象に初めて出会った場合に、対象を対象として認知することはできない。だからこそ、予《あらかじ》め異なったタイプの対象によって、本当の対象が出会っても分かるように予期の形式を準備しておくという枠組みが考えられたのだ。感覚的味覚と霊的味覚の対比がそうだ。舌においしいものを求めるのは、感覚的味覚において美味が求められるべきことを知り、その味わい方と求める気持ちを準備するのだ。霊的な美味に出会った場合に心がそちらに移行するように。

感覚も感情も、教室の中で練習しておかなければ、対象に出会っても感動することはない。妄想は内部と外部の浸透に関わる事態なのだ。

出来事

ジョー・ブスケ（一八九七〜一九五〇）。フランスの文学者。第一次世界大戦に志願して中尉となり参戦。一九一八年五月十八日一発の銃弾が両肺を貫き、脊髄を損傷する。二十一歳で下半身不随となり、一九二四年から死に至るまで南仏カルカソンヌでベッドに横たわったまま執筆する。ポール・ヴァレリー、アンドレ・ジッド、ポール・エリュアール、ジャン・ポーラン、ルイ・アラゴン、シモーヌ・ヴェイユらと交友を結ぶ。一九五〇年死去。

戦争で受けた傷について、それを恨んだり呪ったりするのではなく、「傷にふさわしい者」になることをめざし、傷をつけた出来事を意欲することが彼の経験の企てだった。ブスケが語る戦争における傷は、特別の「出来事」なのだ。

ブスケは、「私の傷は私よりも前に実在していた。私は傷を受肉するために生まれた」と記す。すごい言葉だ。この言葉は多くの人に深い印象を残した。ドゥルーズもまたその一人である。「私が出来事を自分のものとする前から、すべては私の人生での出来事の中で然るべき位置にあった。そして、出来事を生きるとは、出来事の最善で完全なところは私だけに由来せざるをえないかのように、私が出来事に同等になるべく誘われていることに気付くことである」（ドゥルーズ『意味の論理学』小泉義之訳、河出文庫、二〇〇七年、二五八頁）

ブスケの生きざまは、フランスの思想家達に大きな影響を与えた。彼は哲学を語ったのではなく、自ら哲学を生きた、いや哲学として生きたからだ。

古代のストア学派は、いかなる不幸をも乗り越える境地としてアパテイア（無情念）を語った。アパテイアにおいては、死も病気も不名誉も取るに足らぬことである。ニーチェも「運命愛（amor fati）」を語った。いかに無意味な人生でも、過酷な人生でも、喜んで引き受けなければならないと説いた。

ブスケは、傷を呪うのではなく、それどころか、傷にふさわしい人間になろうとする。傷が先にあって、その後に、〈私〉が生まれたというのだ。私の受けた「傷」はイデアの如く永遠なる先在としてあって、それを具体化し、受肉し、その一例（instance）となるべく、生まれたというのだ。

「傷」を呪うのではなく、傷に対する賛歌を歌う。そこにはソクラテスが自ら引き受けた死に表現される事態に匹敵するような哲学の極限が立ち現れている。

悪や不幸を乗り越えようとする思想は様々にある。世界には、悪や不幸や痛みや苦しみは絶えることなく生まれ続けているからだ。

「痛みの普遍的な感覚器官（sensorium universale laetitiae）」とは可能なのか。痛みの普遍的感覚器官が、イエスではなかったのか。

痛みを強調するために、イエスの人間としてのあり方を強調し、神が苦しむはずはない、と考えるのか、十字架のイエスに普遍的救済の徴を認め、栄光と見なすのか、物事の見方は分かれる。いずれにしても、地球上に起こる痛みと苦しみを集約する普遍的感覚器官としてイエスを考えることは、珍しいことではないだろう。

ブスケの背負った傷から、ドゥルーズは「出来事」という概念を引き出す。ブスケの傷は純粋出来事なのだ。出来事は我々において実現されるのと同じく、出来事は、我々を待ち受け、我々を待ち焦がれ、我々にサインを送る。出来事の中から我々は生まれるのであって、自分達がなしたように見える出来事も、予め存在していた出来事が〈私〉において実現するということなのだ。

だからドゥルーズは反実現（contre-effectuation）と語る。反実現、論理的に考えようとするととても分かりにくいが、実はそれほど難しい概念ではない。出来事の方が、〈私〉が到達するのを待ち構えていたのだ。〈私〉が実現するのではなく、出来事の方が〈私〉の実行を準備し、実現させる役割を与えてくれているだけなのだ。

これは奇特な発想ではない。中世神学において、恩寵が語られるとき、人間の自由意志が語られながら、人間がなしたように見えるように人間になさしめる恩寵の働きが繰り返し語られた。功績を挙げるのは自由意志が前提され、自分で善行をなそうと意志した者だけが評価される枠組みがあった。自由意志が作用を発動して何かを実現するという記述も成り立ちながらも、出来事の方が、自由意志に実現の役割を付与しているのだ。人間も自由意志もここでは主体ではない。未来が〈私〉を待ち受けているのである。

神は頑張った人だけ救うのか、頑張れなかった人をも救うのか。努力すれば報われるということを人間は、生き方の基本にしてきた。圧倒的多くの人々は、他の人よりも楽をして利益を得たいと思う。人の二倍努力して人に追いつこうと思う人は少ない。損をするのが嫌いなのだ。同じ努力をしたら同じ成果を求め、同じ努力で人より大きな成果が得られると手柄を立てたと自慢する。人間を努力に駆り立てる倫理的枠組みが大事なのだ。なぜならば、人間は放っておくと楽をしたがる生き物だからだ。放っておいて、人よりも苦労し、報われなくても苦労し、人の苦しみを背負い、自分だけが苦しもうと思う人は古来少なかった。人間としての例外状態なのである。しかしときとしてその例外が突然変異的にこの世には現れる。労苦を厭わない者が、労苦の中で、報われるということもある。

救うとは、人を掬い上げることなのか、行為の良し悪しを決めることなのか。ビジネスについては、そのつどの結果の利益不利益を計算しなければならないが、倫理学とはそんな小手先の計算をする学問だったのか。とてもいやだ。そんなことはＡＩに任せればよい。

障害や病気とはいかなる出来事として考えられるのか。障害や病気は罰ではない。本人は何の悪いこともしていないのに病気や様々な不幸に見舞われるとき、先祖の悪行の報いだと語られるか、すくなくともそのように表象されがちだ。中世でも、レプラは業病と捉えられ、先祖の悪行の報いと見なされていた。人生は善悪の集計で評価されるものではないし、苦しむ者を悪行の報いとして見捨てることは、倫理に反することなのである。

記憶と祈り

極楽浄土に生まれ変わることを希求すること（欣求《ごんぐ》浄土）とは、何を期待することなのだろう。死後、肉体の消滅も悲しいことながら、それ以上に心がなくなっていくと考えるのは胸が張り裂けそうに悲しい。家族や親しい人や愛する者の記憶、私の頭の中にしかないが失われてしまうことは途方もなく悲しい。死後の世界があったとして、その世界が地獄のように耐えがたい苦しみの連続であるならば、行きたいとは思わないが、だからと言って、苦がなく快のみの世界が待ち構えている必要はないと思われる。現世と同じように再び勤労に努めなければならない世界は憧れる気持ちにはなりにくいとしても、苦もなく記憶も留められる世界は、退屈そうでいやだという人は多いだろう。

地獄が苦しみの連続であったとしても、懺悔の気持ちの強い者は、親鸞が「地獄も一定すみかぞかし」と述べたことに見られるように、心の落ち着きが得られるのかもしれない。感覚的な苦しみと、痛悔や後悔といった倫理的宗教的苦しみと、イエスが体験し喘ぎ苦しんだ受難の追体験と、どれが一番痛くて苦しいものなのか簡単に分かるようなことではない。

不本意に死んでいった者への祈りとは、単なる後悔と懺悔だけなのか。〈ありえたかもしれない救済〉を考えるのは、時間の無駄なのだろうか。たしかに、過去の死者への祈りは結果において何も変えることはないのかもしれない。

過去を取り戻すことはできないとしても、未来に〈ありえたかもしれない救済〉がつながり、過去と未来が結びつくことができれば、生み出す力（むすび＝むす・生す＋ひ）になるかもしれない。祈りが、一つの表象、世界への関わり方である以上、祈りもまた世界に〈かたち〉を与えることなのだ。確かに出来上がった〈形〉はもはや動くことはない。だが〈かたち〉は、生み出す力だ。田淵安一『イデアの結界』（人文書院、一九九四年）は、〈かたち〉と〈形〉の落差を取り出し、その落差を媒介する行為として表現行為、芸術行為を位置づける。〈形〉とは〈かたち〉が具体的なものとして物質化した姿だ。

イデアもまた、諸々の個物に共通で、個物から抽象されたのではなく、未発の可能性、潜在性なのだ。〈かたち〉は可能性に関わるのであって、出来上がった姿に見出されるべきものではない。

ここで私はスピノザを思い起こしてしまう。後悔について、スピノザは次のように定義する。「後悔とは我々が精神の自由な決意によってなしたと信ずる出来事の観念を伴っている悲しみである」（スピノザ『エチカ』第三部諸感情の定義二七）、「後悔は徳ではない。ないし理性からは生ずるものではない。むしろ、出来事を後悔する者は二重の仕方で不幸ないし無能力である」（同書第四部定理五四）。後悔する者が、二重に不幸・無能力であるというのは重要な記述だ。

スピノザの『エチカ（倫理学）』は、偽装されたスピノザ版『告白』であり、懺悔録である。第三部の情念論と第四部の奴隷状態論は、スピノザの内面の告白として思えないところが多い。ともかくも、告白的側面を強く有している『エチカ』において、後悔が登場し、しかも「二重の仕方で不幸・無能力」と記されているのは、スピノザの内面世界を窺う上で重要だ。

後悔する者は、心の痛みや悲しみを感じ、何もする気が湧かず、無気力になり、倦怠と憂鬱に陥ってしまう。スピノザは何を後悔したのだろう。二重に不幸・無能力であるのは、過去の時点と現在の時点と二回苦しみに陥っているとスピノザは捉える。最初に悪しき欲望によって打ち負かされ、その次に悲しみによって打ち負かされるとスピノザは記す。スピノザの後悔論には、過去の行為といかにして和解するかという論点は現れてこない。スピノザは、過去の出来事に対して悲しみと痛みと苦しみを持ち続ける。

過去はもはや存在しないと考える者は、過去の出来事によって、悲しみ苦しむことは無意味だと考える。そう考えれば、過去とは、捨てられ忘却されるべき存在の残滓、時間の残滓ということになる。私はそうではないと考える。反復され、未来に提供されるべき供物なのだ。

未来が待ち受けられ、未来が享受されるのは、未来に待ち受けられるべきことを設定し、それにいたる道筋を準備し、それを実現する能力を自らに備え、そしてその道筋を自分で歩み始め、享受に到る坂道、階段を登り、充実と達成の階梯を登り、自分でそれを受容し、理解するプロセスが伴ってのことである。

出来事を実現し、それを享受するためには、達成して充足と満足が得られるように、充足条件の設定を予め行っておかなければならない。充足条件を定めておかない努力は、軒先の雨だれと同じだ。何度繰り返しても、永遠に繰り返しても、出来事の実現も喜びも充足も生じない。充足の可能性の条件を設定してこそ、予期（anticipation）ということが成り立つ。

予期という情念、情念と言うべきなのか、心的態度とでも言った方がよいような心の構えなのだが、この予期は未来に対しては、「希望」の器となる。それが過去に向けられるとき、しかも悲しい出来事である場合、「後悔」を生む。予期とは、未来に対しては希望であり、過去に対しては後悔であり、そういう二方向に向かう顔を有している。ちょうどヤヌスがそうであったように。過去の出来事への胸をかきむしる後悔の念は、未来を待ち受ける「希望」と双子なのではないか。過去への後悔は矛先を自己から他者に変えて、恨みや攻撃性として現れる場合もある。他者を巻き込むということは、時間が他者性を取り入れる器でもあるからではないのか。有限な時間の中にあるということ自体が他者を要請していると私は思う。

美学者であったコリングウッドは、我々は未来に向かって、背中を向けて、後ずさりしながら進むしか方法は与えられていないと述べる。しかし、見えない未来だとしても、未来を見据えながら近づいていくしかない。

その際、過去の出来事は取り返しのつかない、したがって慚愧の対象でしかない事柄としてあるのではなく、いまだ存在していない未来の出来事として、投影されて、人間の意志の対象となるべきである。未来と過去は入れ替わるべきなのだ。もし過去と未来が、独立の没交渉の存在であるとしたら、過去は過去としてもはや存在せず、未来は未来としていまだ存在しないものとしてあり続けるだけだ。

第六章

風の倫理学

夜の倫理学、再び

倫理学は多くの場合昼に語られる。だが、夜に語られる倫理学もあるはずだ。もし倫理学が心の外側で心の壁に弾き返されるのではないようなものを目指すとすれば、昼間に声高に語られるものだけが倫理学ということはないだろう。善と正義をいくら語っても、人が斜面を下り落ちるように目指すことはない。もしそれならば倫理学は不要であるし、一般的で抽象的な理論にすぐに侵襲されるようでは、心があまりにも弱すぎる。

人間を動かすのは昼の倫理学ではなく、夜の倫理学だと私は思う。ヒュームは、「理性は情念の奴隷であり、奴隷であるべきだ」と語ったが、それは夜の倫理学へのオマージュだった。倫理学は外側からの侵襲ではなく、内面から湧出として現れると私は考える。情念とは、自然からの逸脱ではなく、自然の発露である。理性もまた自然の中に埋め込まれたものである以上、情念に対する主人の位置にはないことはよくわかることだ。

夜とは魑魅魍魎の跋扈する時間だ。「私もまた、悪魔が好んで人けのない場所を訪れること、殺戮と姦淫の心が、孤独の中に於て熾烈に燃えることを知る者である」（ボードレール『巴里の憂鬱』三好達治訳、新潮文庫、一九五一年）。

夜という時間が持っている創造力と憂鬱、蠱惑《こわく》と官能こそ、藝術の現れる場面なのだろうが、苦悩が人の心を苦しめる時間でもある。夜と藝術とデーモニッシュなもの（悪魔的なもの）との融合を体験しない者は、健康的藝術の仲間でしかない。

デーモニッシュなものが内部に宿らなければ表現という行為は可能ではない。もちろん、それは他者を損なったり、自分自身を内部から蝕んだりする。


或る時の私の光景だ。暗い摩天楼の一室で、呆然としながら、都会の明かりを見おろしている自分は、山桜・蛍・紅葉・雪の中で育った自分とは違っている。狂おしい気持ちが沸き起こる。山々と雪に囲まれる退屈を抜け出るために都会に出てきたはずだが、摩天楼のアーバンライフに嬉々としている自分を確認したくて出てきたわけではない。巨大な建造物の連なりの空虚さと、深山の兀然《こつぜん》として気高くある姿を比較して、無邪気に自然の奥深さに耽溺する感傷に陥りたいわけでもない。

或る心的情景と別の心的情景との間にある落差は、自分の精神の中にある落差でしかない。一面山に囲まれて、屏風のように視界を遮っている光景と、巨大なビルが視界を遮り、空を区切っている光景は、似ているのか似ていないのか、眩暈《めまい》に襲われる。外部の世界は虚ろなイマージュの世界だ。そこから思想は差し込まない。

世界に向きあい、或る対象Xについて、「Xはよい」と述べるとき、私達は世界に何をしているのだろう。眠れないまま布団の中でもだえるとき、私達は世界に対して何をしているのだろう。

倫理学は「善」を探求する学問だと語られる。アリストテレスも倫理学をそのように整理した。しかし、人間の心は「善一般」や、概念としての「善」といったものに心惹かれるとは限らない。タバコをやめようと思いながら、善ではないと知りながら、そこから逃れられない心は決して善を理性的に目指す心ではない。そして、人生において、善を理性的に目指さない人の方が圧倒的に多いのである。

タバコをやめると喪失感が現れてそれを別のもので補おうとする心理が出てくる。タバコの快感が失われた喪失感があるのだ。タバコをやめて何も喪失してはいない。経済的にも時間的にも健康の上からも得るところばかりなのに。人生でもそうだ。何も失っていないのに大きな喪失感を感じてしまうのはなぜか。欲望はなぜか目先だけの損得計算に心を奪われる、目先の利かない功利主義者なのだ。株価の一秒ごとの上下に一喜一憂するトレーダーみたいだ。そのつどの損失感を埋めようとして、人々は酒、大麻、覚醒剤、薬物と様々なものに手を出す。欲望は生き延びる道を教えてくれるセンサーのはずなのに、早馬に乗って処刑場に導く刑吏のごとく、主人を滅びの道に突き進ませる。

人間精神は必然的に善を目指すとトマス・アクィナスは語った。その際誤るのは、その手段の選択においてなのだとされる。人生の目的は幸せになることだと同じで誤りではないが、答えとしては空疎である。スピノザやバークリにおけるように、「善一般」という概念が空疎で虚構であるという批判もあった。もちろん、空疎であるからといってそれを捨てる必要はない。

飲み物の何も入っていない器は、器としては何ら無意味ではない。中身がなくても、中身を予期し、それを受容できれば、器は器として充実し、完成しているから。「善」が対象ではなく、ある何ものかを受け入れる器だとすれば、器は空虚である限りでその機能が充実しているのだ。

充足可能性を備えるだけで、それは器や充足可能性の形式・通路としては完成するのである。水道の導管は空虚であるが故に、完成し充実している。人生もまた何ものかに到る導管だとすれば空虚な導管こそ最も良い導管なのかもしれない。

善と悪をコンテンツや対象として考えれば、導管（メディア）として優秀でも、存在者としては、空虚なものになるのだろう。

人間の心はメディアや方法には向かいにくい。出来上がった料理に心が惹かれても、料理のレシピや素材の来歴の方に心が向かう人はとても少ない。善や悪は対象の中に置かれ、だからこそ心は必然的に善に向かうとされてきた。一三世紀後半以降登場した唯名論の系譜はその思考を批判する。だが、それは別の話である。

善と悪の対立の構図、二元論的に対立図式を作ると、心は燃え上がりやすい。しかし、敵か味方かなんて二元論は、子供向けだし、そして大人のように「みんな悪党だ」というのも、元気消耗装置だ。しかし、善と悪、テレビドラマはこればかり。善は徹底的に純粋に善く、悪は徹底的にどこまでも悪い。純粋の善人も純粋の悪人もいない。人間は善と悪の混合物なのである。

だから、ルターやアウグスティヌスのように、「人間皆悪人（totus homo malus）」と考えた方が、人間愛に満ちている。利他心や隣人愛を重視する人は、どうしようもない悪人を見て、「こんなものは人間じゃない」と切り捨てる。しかし、それは悪魔の思いだ。人間を裁いたり、切り捨てたり、死刑を与える者は、やはり人間という名前に似つかわしくない。額に「悪魔」を記した方がよいかもしれない。

人間の内部にあって、どこからも入り込んだのではない、絶対的に除去できない悪を見つめ、その領域に入り込めるものこそ倫理学の名前に相応しいと思う。

過去トレ（過去トレーニング）

普通の人生を不幸にする一〇のコツを挙げなさいと言われたら、第一番目のコツは「戻らない過去をいつまでも後悔すること」になる。過去はどう考えても、どう修理しようとしても、過去は過去のままである。修復することはできない。だから、後悔しても、いくら後悔しても、後悔が消えることはない。しかし、後悔の中で煩悶死するわけにもいかない。煩悶死しても、周りの人間の一部は同情してくれるが、神も仏も同情してくれるか分かりはしない。

過去を変えられたらどうか。過去が変えられるというのはどういうことか。タイムマシンが物理学の世界では考えられる。しかし生命現象を考えるとき、時間の不可逆性に適応する現象だったのであり、過去が変えられるとすると、生命の存在や進化というのは、直感的には何の意味も無いことのように思われる。
神でさえ、世界を創造した後、創造以前の世界に時間を戻すことは出来るのかどうか。いや、時間を戻せるとすれば、世界の創造は、おはじき遊びと同等の児戯に転じてしまう。

過去を変えるということは、人間の側のあれほどの後悔と悲痛にもかかわらず、そして何度も考えられ、それが小説やＳＦで描かれ続けながらも、決して実現することのない夢物語なのだ。人間は不可能と思える夢を驚異的な仕方で実現してきたが、時間に関してだけは決して過去を変えることは出来ないと断言できると私は思う。というのは、存在も生命も、すべて意味を失ってしまうからだ。それ以上の恐ろしいことはないほど、恐ろしいことなのだ。

人が死んだ後、その生命を取り戻し、再び出会うことが出来るとすれば、生命が発生し、個体が誕生したりすることが、無意味の瓦礫に転じてしまうように思う。昆虫にしろ単細胞にしろほ乳類にしろ、生命を個体の次元で維持することは不可能であるがゆえに、次の世代へと生命を継承することで、その生命を維持しようとした。一つの個体を残すためにも、幾万もの受精卵を残さねばならないことを学習したがゆえに、昆虫は生命のプロセスを作った。

　生命現象が時間の不可逆性に対処するために作り上げたＤＮＡから細胞レベル、個体全体の構成に到るまでの途方もない試行錯誤と、その結果として成立している地球の生態系を考えるとき、時間を逆向きに流そうと夢見ることは、無邪気な願望というよりも、死すべき大罪（peccatum mortale）と言ってよい。しかしなぜこの無邪気な誰でもしばしば考える願望が大罪になってしまうのか。


　我々は過去に対してトレーニングするしかないと思う。取り戻せない過去に対して、嘆き悲しむことを飽きることなく何度も繰り返すのではなく、前に向かって進むしかないのだから。言うまでもないことだが、前に向かって進むことしか、償いのしようはない。そして、その償いのための、自分自身の「新生」を実現することが、古来様々な宗教において考えられてきた「擬死再生」の儀礼なのである。

　キリスト教の洗礼も、生まれ変わりの儀式であった。人が母から生まれることが、海から出ているもののごとく表象されるように、全身を水に浸して生まれ変わることこそ、「洗礼」の意味だった。インドのガンジス川の沐浴もそうだろう。日本の修験道もまた、死装束をきて、象徴的に死を遂げ、その後様々な地獄の苦しみを経て、その行《ぎょう》を完遂して、生まれ変わることがその中心課題だった。昔から人間は、過去から生まれ変わるために、修行、洗礼、苦行、擬死再生などをおこなってきたのだ。

現代人は儀礼を迷信として笑う。しかし、儀礼とは身体性を介しての、心への浸透と心の変容を図るための技法なのである。心が概念や理論で変容し、変わり、慰めと平安を得られるなどと誰が考えるものか。そんな心はＡＩにしかない。人間の心は、体と共にあり、体が同意し承認し、心の座として変容を受容しなければ、心が変容することなどどうして可能なのだろう。

「過去へのトレーニング（過去トレ）」がやはり必要なのだ。過去が栄光であろうと挫折であろうと、過去は現在を苦しめる。なぜ存在しないはずの過去が存在している現在を苦しめるのか。過去と記憶をめぐる倫理学は必要だと思う。

「過去トレ」は、漢方薬のように長い間を経てやっと効いてくる場合もあるだろう。しかし、痛みが激しくて、すぐに効いてもらわないと困る場合もある。

切なくてたまらないときを耐えるための薬や呪文はないのだろうか。病気で苦しみ、治ることのない者で、神仏や来世を信じない者は、もはや幸福にはなれないのか。苦しみの中に死にゆき、救われることはもはやできないのか。「苦しみながら死んでいきなさい」

または、「苦しまないように死んでいきなさい」という言葉しかかけることはできないのか。苦しむ者を見捨ててよいのか。今、経済的にも、医療的にも救うべきだ。しかしそれで健康になって、再び幸福になれると決まっているわけではない。

苦しいときは苦しみがなくなればどんなにいいことだろう、「苦しみがなくなれば他には何も要りません」と心から思う。しかし苦しみがなくなると、その苦しみのときの気持ちを忘れ、苦しいときにあった、控えめの希望もなくなってしまう。

苦しいときには、苦しいときの「切なさ」がある。そしてその切なさは忘却されがちではあるが、真実を備えている。切なさはその場限りのことかもしれないが、それを忘れてしまうことは愚かなことなのか。そうだとは思わない。

過去の苦しみから逃れるにはどうすればよいのか。(1)起源を忘却すること、(2)切なさを耐える呪文を唱える、(3)睡眠に逃れる、などいくつか方法が考えられる。

呪い殺したいぐらい憎たらしい敵がいたらどうすればよいのか。呪われたら呪い返せ、いじめられたらいじめ返せ。いじめる方はたいてい弱虫だから、刃向かってこないと思って、安全な相手だけいじめる。刃向かう者に攻撃するには、攻撃するのに十分な動機と攻撃力と反発してきた場合への防御力を準備しなければならない。いじめる場合には、安直な準備で実施できる。いじめる者はそういう相手を選んでいじめるのだ。

いじめる者には対抗せよ。死んで呪おうなんて思うな。死んで呪う効果を出せるにはずいぶんと修行が必要だ。子供に呪うことなんか出来るわけはない。死んで呪おうとするな。便所の幽霊も理科室の幽霊もいないとは言わないが、電気を使わない冷房装置程度の効果しか持っていない。そして何よりも大事なのは、呪詛する者にはいかなる可能性においても勝利はないことだ。呪詛は勝利から見放されている。過去ばかり見つめる者に光が訪れることはない。

怒りに燃える橋を渡れ！

倫理とは底深い谷川に架けられた細い橋のようなものだ。奈落の上に架けられた橋を渡りきるためには、息を止めて、屈辱を数秒でも、いや時によっては数年でも耐えしのび、その間、内なる怒りを抑え込む力を持っていなければならない。数秒を耐えられない者は奈落に陥っていく。倫理の奈落の越え方をいつ人は教わるのだろう。奈落の底には人びとがいっぱい墜落しているというのに。

自分と他者の間には、谷川の丸木橋のように、失敗したら谷底に転落してしまう危険が潜んでいる。何気ない言葉の中にも奈落はある。そのような緊張感を持ってしかその谷川を渡れない人は、他者との間に苦難を見出す。そういう危険を感じない人間は、他者に力を及ぼし、人気を取るか支配することに熱中できる。そういう人は、他者との間にあるアルプスの絶壁、絶体絶命の谷底の存在に気づかないままである。

他者との絆が危険性を孕んだものであることに注意を向けているために、人一倍、微妙な変化を識別できるだけの繊細さを備える人びとがいる。そこに絆をめぐる病が登場する。心をめぐる病で、内部的に失調してしまう場合もあるが、他者との関係性ゆえに失調してしまう症例も多い。

絆をめぐる病が、感覚の内に現れる場合も多い。たとえば、臭いも関係の通路となる。若い頃に現れるものとして、自己臭恐怖という症状があるが、それは自分が臭いかどうかという、感覚受容の問題なのではない。思春期青年期に現れる感覚的な失調が、生理的身体的なものと考えると、診断書も書きやすいし薬物療法の有効性も説得しやすいし、効率的に対応できるのだが、その見方と矛盾することなく、感覚的な失調は関係性の病、絆をめぐる病でもある。

自分は臭いを発し、人も臭いを発している、しかし、人はそれをどう感じるのか、自分と人との関係や自分への評価にどのように関わるのか、自分は他者からどう思われているのか、その関係の規則が不安定なために生じることだ。ほかの人は自分が思うほど気にしていない、ということを他人の視点から自信をもって語れるためには、自分自身への自分自身による評価が安定したものでなければならない。

思春期とは、親から与えられた絶対的価値評価の枠組みから離れ、友人や共同体による評価へと規則を切り替える時期だ。古い方の規則の枠組みが安定していたものであるならば、規則を切り替えていくこともできるだろうが、古い方の規則が安定していなかった場合、それまでの急ごしらえの安定性は暫定的なものにすぎない。

安定していた状態において、一部が捨て去られると、部分的に修正がなされ、部分的な安定性は保持したまま移行が生じるのに、急ごしらえの場合は一度に全部崩壊してしまうこともある。そのときに現れる関係性の再構築のための通路が、臭いである場合、しかもその基本的規則が何らかの障害によって形成が中断しているとき、自己臭恐怖が現れる。

被愛妄想も同じ構造をしていると思う。関係形成的な力が逸脱して全体の秩序を破壊するように肥大化してしまった状態なのだ。

欲望も、他者との関係性が築かれるための通路なのだ。身体の欲求が充足されるべきものとして欲望があるだけではなく、他者もまた欲望の主体であるということ、いやそれを認識、経験することは、欲望が戻り路《みち》や迂回路を獲得すること、つまり構造的安定性を獲得するための条件なのだ。言い換えれば、他者もまた欲望の主体であり、自分もまた欲望の主体であるということを、不安なく認識できたときに、親という「半他者」から、「全面的他者、全他者」へと枠組みの基本を移すことができる。

他者との関係性よりも、記憶と希望に関する心の病もある。鬱病を起因する要因としては様々なものが関与してくるのだろうが、記憶と希望が大きな要因になっていると考えてよいだろう。


引越や昇進や進学など大きな環境の変化、未来への大きな希望と意欲、未来の目標との対比でみた自分の能力の未熟さ、現在の自分への焦りと不安、過去を振り返った場合の後悔、時として未来の出来事に向けた希望の大きさに対しての時間や能力や資力の絶対的不足などがあるだろう。過去と未来の絶対的落差と、それを目の前にしての自己や他者への攻撃性〔怒り〕がそこにはある。

他者への怒りが、自分自身に振り向けられるとき、鬱の大きな要因となる。責められるべきはこの〈私〉である。そこに鬱の持つ、独自の存在様態がある。存在、いや実存の様態に関するカテゴリーの抽出が重要なのだ。

しかも、この攻撃性は、関係の薄い他者に向けられれば、純然たる犯罪になったり、学校や職場で向けられれば、種々のハラスメントとして懲罰の対象になったりする。

多くの人は、親密なる他者である家族、とりわけ配偶者に向ける。鬱とは、過去への後悔と未来への不安との両側面を含み、それが自罰的に自己への攻撃に向かう場合もあれば、その攻撃性が他者、特に身近な人に向けられる場合もあるのだ。私がここで知りたいのは、過去への後悔が、他者を巻き込む攻撃性に転じる場合もあるということなのだ。だから、私は第三章で「権力と攻撃性」について語ってみた。過去と和解することは、内なる権力性と攻撃性を懐柔しなければならないと私は思う。過去との和解は、自己との和解であるばかりでなく、身近な他者との和解にもなるはずなのだ。

親密性は暴力性を同時に含んでいる、いや同じ機能の両側面なのだ。敵のいない人には友達もいない。友達を作るとは、敵と友達を分けることなのだ。友達思いの人は敵憎みの人なのである。

親密になった途端、妻に暴力をふるう夫達がいる。彼らにおいて親密性と暴力は不可避に結びついている、そこには性をめぐる罠が潜んでいる。親密性は共犯関係なのであり、友情の原理が支配するのではなく、裏切る場合にはすぐに敵対関係に陥るような危うい関係なのである。親密性は睦まじいものというよりも、危ういものなのである。

動物のオスの究極形態として、権力や栄光を求めようとする政治的倫理学を私は憎む。彼らは暴力性と征服と破壊の中に、人間性の理想を見出そうとするから。酒を飲んで武勇伝を作って、それは何の意味があるのだろうか。

暴力性の発散は、(1)情念の昂進の様式の準備、(2)情念の高揚期、(3)情念の発散後の平静、という発現様式を取る。脳波で分けると、α波、β波、θ波に対応するという。そして、θ波に単独で到達する方法として、座禅やマインドフルネスや瞑想が存在している。情念の高揚期を通り抜けることによってしか、平静さに到達できない者は、手に汗握るか、体で汗をかくか、そういう高揚期を経なければならないということだ。

暴力性と政治性によって仲間を作ることは、人間として避けられない条件である。もしそれがいやならば隠棲出家するしかない。

暴力性を嘆きたいのではない。私はそこに未来という時間への関わり方の鍵があるように思い、それを見たいのだ。それだけだ。

流れとパトスと風

場違いな感覚、居心地の悪さを何も感じることなく、自分が世界の中心にいると感じられる人は幸いである。そういう人びとに倫理学は要らない。しかしながら、如才なく、愛想よく、ニコニコしながら生きていく、そういう営みに違和感を覚えるとき、それは世界にとっての異物ではなくて、世界から何かが生まれいづる苦しみかもしれない。何かがそこに現れようとしているのかもしれない。

自分には居場所がない、という感じは誰でも持つことが多いのではないか。ネコ型人間は、家に憑くから、自分だけの空間を持てると居場所を得たように思うだろう。イヌ型人間は、心地よい友達がいないと居場所がないように感じる。

「居場所」とは、そこで死んでもよいと思える空間である。畳の上で死ぬ、というのも考えてみれば、御白州の畳の上ではなくて、慣れ親しんだ我が家の畳の上で死ぬということだ。居場所即死に場所なのである。そういう場所においてであれば安らかに死んでいける。日常生活における、居場所がないという気持ち悪さを新たなものの生成と創造につなげられるか、そこに生活者と表現者を分けるものがある。「気持ち悪い」と思えることを、創造の初めに置くことも可能だと思う。

自意識過剰系の精神には、哲学は自意識過剰の聖地であるように感じられるからなのだろうか、そういう人びとが集まってくる。そういう世界では、お涙頂戴系の倫理学や、義理人情は嫌われて、冷たいハードロジックや、現実を遥かに超脱した形而上学や、薄い空気の中を漂うような存在論が好まれる。私もまた、そういう高くて冷たくて空気の薄い世界に憧れた。哲学的天使になりたい人々なのだろう。だがそういう天使達は、墜落するしかない。他者との関わりは、子供を育てることが典型的なように、地べたを這って、温かさと汗まみれの、体と体の接触の中で営まれる。天使は地上に降りてしまうとあらゆる質料につまずいてしまう。

若いときは、親密さを苦手とするときがある。接触すると他者によって吸収され、溶けてなくなってしまうと思うのかもしれない。自分が自分であり続けようとして、自分の周りに作り始めている殻が十分に強いものとはなっていない場合、自意識は自分を離れて働きをなし、他者の接近を排撃するための仕掛けを必要とする。親密性と友愛は固着と土着の原理であって、旅立つ者は、親密圏を脱出しなければならない。親密なる世界に嫌悪感（アブジェクション）を感じてこそ、旅人が世界に出掛けていける。

再び定住すべき場所を見出す場合、その原理が「私秘性」である。私秘性の秘密とは、他者にはとても言えない秘密を共有するという「共犯関係」の形成にある。

「口説く」とは恋愛感情の吐露と相手の誘惑という艶事めいて捉えられるばかりだが、本来そうではない。「口説く」とは、「口から隠されるべき秘密が解きほぐされて現れ出てくる」ことだ。「口説く」とは「口＋解く」ということなのだ。心の中の硬い氷が溶けることと捉えれば、「口＋溶く」と考えてもよい。

私秘性という誰もが隠しながら、誰でも持つがゆえに、当たり前で平明で日の下に明らかなことを、隠された秘密ということのまま、秘密を秘密として守りながら、私秘性を共有するという形式に、親密さの秘密がある。そこに新しい親密性（intimacy）＝最も内奥の秘密にされた、そして共犯関係を形成できるだけの形式が現れる。

共犯関係を破壊すること、それは共犯関係という隠された信頼関係が、他の人との間に交わされることである。親密さ（intimacy）とは共犯関係であり、語るべからざる快楽の共有という形式が最も分かりやすい。いかなる私秘性もまた参入可能性を持つことができるし、持たなければならないのである。参入可能性の完成、それ以外の他者の排除が共犯関係なのだ。だからこそ、殺傷を禁じられているのに、カモを殺して、こっそりと共に賞味するカモの味なのである。

そして、秘密とは玉手箱の中にある限りで、二人だけの秘密として守られ、秘密であり得るが、それが後悔されたり、他の人に委譲されたり、複数の人との間にも交わされることは、独占の誓いが破られるのであり、契約の破棄、裏切りなのである。

私秘性とは隠れがちのものなのだろうか、外に現れることを求めるものなのだろうか。性格によってずいぶんと変わってくる。社交的な人は、控えめすぎたり、自己卑下が強かったり、自分のことを語らなかったり、引きこもりがちである人を「付き合いにくい人間」として遠ざけがちだ。社会においては大きな社交性こそ徳の最上位に来ると考えているようだ。高度な社交性を要求されるのは、政治家や経営者や上に立つ者であって、多くの人はわずかな社交性で十分であったりする。

控えめであることは一般市民としての美徳なのである。度が過ぎて、自分は挨拶される にも値しないと思ってなのか、人からの挨拶に反応しない人がいる。これは己の存在を打ち消すという消極的な関わり方とは限らない。自己の隠し方において徹底した場合は、他者を無視することになり、自己卑下というよりも、自己卑下という形式をとった他者への攻撃となっている場合も多い。他人とできるだけ関わらないためには、小さな攻撃を年中継続的に行うことによって、他者からの関わりを減らすことが有効手段なのだ。

反省や後悔は、他者に向ける攻撃を自分に向けることだ。他者とは他なる自己（alter ego）であり、利他と利己は、反対の働きではなく、投影され、構成される対象がどこに措定されるかという問題なのだ。

私や他者というのが、既に出来上がった事物として、内と外、私と他者、主観と客観といった二元論的枠組みで考えられることが多かった。心理学でいう「投影」の機能は、自分自身で確固たるものとしてあると思っている「自分」があやふやなものであることを示してくれた。他者もまた同じである、大好きであると思っている他者もまた、殺したいと思うほど憎んでいる他者も、「顔のない人」であり、私が顔かたちを投影しているだけではないか。

私秘性が私秘性のまま守られ、不可侵の聖域として、個性を失うことなく守られている場所は存在しないのか。

アジール（アサイラム）とサンクチュアリ、ほとんど同じ意味の言葉だ。サンクチュアリの方は鳥獣保護領域の意味で用いられることが多いということを除けば、同じ意味の言葉だ。

身障者、老人、生活困窮者、シングルマザー、政治的亡命者など、弱い立場の人びとの収容施設、救護院という意味で用いられるが、本来は、聖域であり、世俗権力が立ち入ることができず、したがってそこに逃げ込めば、身の安全が保証される避難所ともなった。古来洋の東西を問わず、神殿・寺院・教会、またその中でも特に祭壇、至聖所、内陣などが不可侵の聖域とされてきた。結界の張られた場所、禁足地なのである。そういった不可侵の聖域は、その外部においては保護されない人びとを保護する領域であり、世俗世界とは逆の秩序が成立する場所であった。

ジョルジョ・アガンベンは「聖なる人（ホモ・サケル）」が、「聖なる」という名を冠しながら、その人を殺しても殺人が問われない人として特別の注意を払って、『ホモ・サケル』という本を著した。「サケル（聖なる）」とは、日常の秩序と反対の秩序にあることであり、世俗においては保護されないということなのだ。

中心にある者、周辺部に存在する者（弱い立場にある者達）は、世俗の秩序では保護されていない人びとだ。中心部にある権力者は、保護する立場にあり、保護される立場にはない。だからこそ、「受傷性を備えた＝攻撃誘発的（vulnerable）」な存在だったのだ。医者、僧侶、政治家、名主といった人びとが、攻撃誘発性を有し、従ってその子供達がしばしばイジメの対象になったというのは、分かりやすい構図である。富や権力や名誉が集まるところ、それは常に攻撃誘発性の極であり、スキャンダルとゴシップの供給源となる。

アジールとは、定住する場所を離れて生きる人の集まる場所であった。社会的な弱者は衣食住に事欠くことも多く、安定した生活を離れてしまい、その結果、定住する場所を再び見出そうとしても困難となる場合も多かったのである。巡礼者、旅人、異邦人、亡命者もまた、定住を離れ、弱き立場にある人だ。

資格や身分を持たず、小さき人びと（minores）としてあることは、アジールにおいて歓迎され、歓待される条件なのだ。そこで用いられる倫理学が、「小さな倫理学（ethica parva）」なのである。

集まり、徒党を組もうとしない人びと、それはいつの時代、どの場所にも存在する。徒党を組み、一つの考え、一つの調子、一つの音頭に合わせて盛り上がること、人びとが一つになること、それを確かめ現実化するためのものとしての「祭り、盛り上がった宴会、手拍子、一本締め」などなど、共同体が一つにまとまり、実行力のある集団となるためには、個性を消去して、一つの均質な塊にして成形して、全体の形相が部分に浸透するように手順を踏む必要がある。

笑顔が引きつるような人、笑顔が引きつって、それが気になって仕方がないような人は、個性を消去して、集団の中に溶解していくことに恐怖を感じる。それは公共性の洗礼を受けること、内側と外側の間の堰を取り除き、外側からの他者性の激流を受け入れることだから。

他者性の激流から逃れようとする者は、一人だけで細い支流を遡上しなければならない。そういった支流にも源泉があって、実は多くの水の流れが輻輳《ふくそう》する泉である場合もある。それがアジールとしての哲学だったりする。

人間の心は、日々次から次へと起こる出来事に対して、様々な事柄を認識し、様々な価値付けをして、好きなものと嫌いなものに分類し、さらに様々なカテゴリーへと分類した上で記憶し、世界の中に住み込んでいけるように、世界を整える。

感情や情念は出来事に対する即時的な反応であるばかりでなく、世界を住みやすくするための創意工夫でもある。出来事の流れに対して、情念もまた流れながら対応していくしかない、しかしながら、憎悪や呪詛や怨念が心を占めるとき、情念は流れることをやめて、淀むようになる。淀んだ流れは汚泥をため込み、何者かを引きずり込もうとして腐臭を漂わせ始める。

情念（パトス）は流れであり、流れであるべきだ。生命もまた、生命をビオス（個々の生物に宿る生命原理）、ゾーエー（種や生物全体や環境に宿る全体的な生命原理）として捉えようと、生命が流れであることには変わりなく、流れとしての生命に棹さしながら流れていくところに情念の生業《なりわい》がある。

過去を待ち受けること

過去の出来事を取り戻すことはできない。過去の出来事に苛まれ、後悔の念に心を掻き乱され、そして夜眠りに落ちても、夢の中でその人を苦しめる。

過去の事件で犠牲になった人びとについて、ありえたかもしれない救済を考えることはさらに一層胸苦しさを起こしかねない。

運命を引き受けるとはいかなることか。運命愛とはいかなることか。ジョー・ブスケは、傷は予め存在していて、それを引き受けるために私は生まれたと語る。事件の犠牲者について同じことは言えるのかどうか。犠牲者を供養するとはいかなることか。過去の出来事への苦しみと悲しみを永遠に反復することなのか。同一物の永劫回帰を運命として愛することが求められているのか。

出来事をめぐる倫理学こそ、過去と和解する道を暗示してくれると思う。過去が過去として、確固たる永遠不動性を備え、事実を確認し、悲しみと苦しみを捧げることしかできない対象であれば、高くて手の届かないところにある「過去の出来事」を涙のなかで仰ぎ見て、溜息をつくことしかできない。

出来事をめぐる倫理学は、ブスケにおいて、過去の出来事を引き受け、受肉する道を示してくれた。

人生は一回限りという出来事が織りなす意味は、普遍性や合理性に回収されることはない。普遍性に回収し、それを燃やすゴミの袋に入れて、収集の車に放り込むように、一回性や個別性や偶然性を魑魅魍魎として捨て去ることは何を意味するのか。

火葬場の炎が生きていたときの怨念や憎悪や怒りや妬みを燃やして煙にして空に解き放つように、人間の負の感情、攻撃性と暴力性をなくしてしまいたいという〈公共的思惟〉は、個人の苦しみや差別や怨念を、歴史的偶有性として消し去りたいのだ。普遍的正義に貢献しているという大義名分のもとに。いかに世界が平和になっても個人の苦痛と怨念は残り続け、増え続ける。

個体としては滅びることを知りながら、何らかの仕方でこの世に残ることを人間は様々な仕方で描いてきた。

死んでも何か残り続けるもの、怨念や呪いがこの世に残るのだろうか。怨念が薄気味悪いというより、残ってくれたらなんとありがたいことかと思うようになった。

体を構成していた分子は再利用されて人々の体をめぐる。イエスの体を構成していた分子もブッダを構成していた分子も元の体を離れ、世界をめぐり時には宇宙の中に出ていく。

素粒子の同一性、原子の同一性、分子の同一性、意識の同一性、個体としての同一性、様々な同一性。幾重にも重なって一番上の方に意識の同一性がはかなげに座している。

小石が水面に落ちて静かに遠くまで及ぶ波紋を広げるように存在の軌跡が拡がる場合もある。同じ小石の波紋が、風とともに小さな泡立ちをも含む小波を一面に引き起こす場合もある。

〈私〉とは存在の一つの通路だ。未来という表象不可能なものを可能にするもの、それが〈かたち〉だ。通路がなければ風に〈かたち〉は与えられない。〈私〉とは、過去と未来が出会うための通路なのかもしれない。通路を吹き抜けるもの、それは風のようなものとしても表象できる。だから「風の倫理学」、私はそういうものに憧れる。

日本語の「恩」という概念に注目した倫理学者（ダニエル・キャラハン）がいる。我々は子孫に対していかなる義務を負っているのか、と問いを立てる。先祖から受け継いだ「恩」は、先祖に返礼を行うことはできず、それはむしろ子孫に対して恩を「返す」ことによって、恩に報いることができると考えたのである。

倫理的行為は、一般に契約であれ約束であれ愛や友情であれ、双方向的であり、互恵的である。ところが「親の恩を子に流す」または「親の恩を子で流す」という場合、「恩」は片務的・一方向的な流れとして捉えられている。与えたら与えられるのではなく、与える一方である。見方によっては「報われない」行為であるようにも見える。

正義、同害報復、契約、売買、責任概念のいずれにおいても、与えることに対して答えが来ることが、本来的なあり方と考えられている。その発想でいけば、子供を育てて親孝行を報いとして受けられなければ、子育ても徒労であった、という思いに駆られる。

しかし生命を賭して川を遡り、産卵とともに死んでいく鮭の群れを見ると、生命の連鎖は双方向的なモデルでは捉えられないのではないかと思えてくる。

倫理学の基礎概念として「価値」や「善」があり、基本として個体の生命維持を第一原理とするならば、個体としての生命を犠牲にして行為すること、子孫に「恩を流す」ことは、あまり倫理的ではないことになる。もちろん、自分のＤＮＡや家柄や宗家の系統や民族の連続性が言いたいのではない。同一性は、個体のみならず、そして生物学的なものにも、法的なものにも、伝統継承的なものにも限られず、「恩」が継承し基体となりうるような「倫理的同一性」とでも言いたいような同一性を考えてもよいだろう。「恩」は与えて返されるものではなく、与えたものが別の者に与え、それがさらに別の人に伝わり、順々に巡っていき、流れていく。

日本には修験道という宗教的行為体系がある。宗教と呼ぶべきなのか民俗と呼ぶべきなのか迷うところもあるが、総合的な宗教行為として捉えておこう。

修験道の基本は、擬死再生である。擬死再生とは生まれ変わりなのだ。即身成仏として捉えられたり、成仏と捉えられたりする。重要なのは、擬死再生が記憶の儀式的変容であると同時に、未来への態度設定でもあるということだ。

生まれ変わるということは、過去が消えることではない。栄光と成功が約束された未来を準備するわけでもない。

コリングウッドは、次のように未来への歩みを述べた。人間は、未来に向かって後ずさりしながら進むしかない、と。未来は見えることなく、見えているのは過去だけだが、背中に未来からの激しい風を受けながらも、後ずさりしながら進んでいくしかない。過去は過去のままである。見えているのは、いつの間にか過去になってしまった、これまでの未来の事態なのである。

過去に向かって始原にあるもの、つまりそこから我々が生まれ出てきたものを、ブスケは待ち受けよ、と述べる。彼は自分の傷を待ち受けようとする心持を目指した。それが彼の運命愛だった。過去の出来事を待ち受けることの基本形がそこにはある。過去を待ち受けること、そして未来が我々を待ち受けていることは、重なり合うことだと私は思う。

戻ることなく続いていく恩の流れ、起源としての出来事と過去から溢出《いっしゅつ》していく系列としての運命愛の流れ、重なるものなのか、断言しようとは思わないが、重なる可能性を持ったことだと思う。

おわりに

私はなぜ私なのか。答えられるはずのない問いだ。その問いには後悔が含まれていると私は感じる。その答えられない問いを前にして、答えのなさを分かりながらも求めずにはいられない心のあがきとあせりともどかしさと切なさこそが、〈私〉をめぐる自己同一性の核心だ。理論的に解決してしまい、通り過ぎてしまう哲学は、〈私〉の形而上学から縁遠い哲学なのである。

私はなぜ私なのか、そこには心の癒しがたい擾乱《じょうらん》として過去への後悔が含まれていると思う。過去の行為や出来事に対する後悔というよりも、純粋に過去に向かっての後悔なのだ。じゃあなぜ私はこの世界に生まれてきてしまったのだろうという後悔がある。

この本では、現実の過去との和解を考えてきた。だが純粋な過去との諍いが先立っていて、それが苦しみの源泉にあるのかもしれない。いずれにしても、攻撃性についてこだわったのは、過去との和解には、自分との仲直りが必要であり、しかも自分が自分と出会うためには、自分と戦い諍うことを通じてたどり着くしかないと思うからだ。

過去と和解するということは、未来の自分に約束をして、未来の自分が現在の自分を通して過去の自分に何かを送り届けることだ。人間の倫理性は、正義や等価交換を基本原理として設定されている。それを否定することはできない。それを否定してしまったら、仕事もビジネスも友情も、世界秩序も神との契約も混乱してしまう。

にもかかわらず、それだけでは何かが欠けている。時間が過去から現在、現在から未来に流れていくこと（逆向きに考えても同じだ）は絶対変更できない。神すら変更できない事柄であるとすると、何かを交換することで過去と未来を等しいものにすることは、時間の前と後の間ではできない。それがきっと不可逆性ということだろう。それを呪いと捉えるのか、贈り物と捉えるのかで、人生の見方も、存在の見方も、世界の見方も変わってくると思う。

時間とは有り難い贈り物だ。こういう存在形式の贈り物は他にはないから。日本のことわざに「親の恩を子に流す」または「親の恩を子で流す」という言い方がある。恩は一方向的に送られるもので、見返りを求めるものではないということだ。子供を育てるのは見返りを求めてではない。川を遡る鮭も、産卵と共に個体としては死んでいくわけで、見返りなど求めてはいない。生命は見返りや等価性を基礎とする営みなのではない。帰りえないこと、返りがないことが時間性であり、人間の倫理性の前提条件である。

生命も時間も存在も、功利性とは無縁の事態なのである。もちろん、戻りを有した領域においてならば、功利性は不可欠だ。だが、現れては消えていくことが定めである領域では話が同じになるわけではない。人間は時間の中で、取り戻せないことをなぜ贈り物として考えなければならないのか。いや、それはきっと考えるべきだからだ。それが時間を享受するための条件なのだ。

宇宙が生成し、鉄や金といった金属が生まれ出るまでに途方もない星の爆発を経ている。さらにそれが宇宙に散らばり、星や惑星としてまとまり、そこで条件のそろった数少ない星が生命を育み、特殊な条件を持った場所で、高度な生命が生まれる。

人間という個体の生成でさえ奇跡である。そして、それがこのように文明を発展させたことは、超越者が存在していたとしても、その超越者にとっても予め計画していたことなのか、分からない程度のことなのである。だから、フランシスコとともに宇宙と自然に向かって「ブラーボ」を叫んでも奇天烈なことではないように感じる。

いや、もちろん無数に存在する身の回りの奇跡にいちいち驚いていたら、生活を静かに送ることはできない。一日中感動していなければならないから。いや全く逆に、病気や苦難の中では一日中絶望していなければならないから。だからこそ、毎日は当たり前のことが退屈に繰り返されるだけだと見た方が賢明なのである。

過去と和解することは難しいのか、易しいのか。確かなことは、既製品の出来上がった答えは過去と和解するのには無力であり、自分の中にハビトゥスとして宿った力だけが答えを知っているということだけだ。答えのなさが答えであり、それが実質のある答えを心のある場所に供給してくれる。

過去への後悔とは何か。後悔とは情念だ。情念とは何か。情念とは心の持ちようだ。理性と対立し、人を苦しめ誤りに導くものであり、ない方が良いと考えられた場合もあった。ストア派においてはアパテイア（無情念）が理想とされた。

情念とはそういうものか。そういうものでしかないのか。西洋中世思想の流れを見ると、ストア派に即して情念を除去しようとする流れは伝わりながらも、大きな影響力を持ったと言いにくい。むしろ近世に入ってから大きな影響力を持つようになる。アリストテレスの流れは、情念をそれ自体では中立で、用い方次第であると考え、また情念を、神への愛の基盤として重視する流れもあった。

情念論の流れにおいて、決定的に大きな影響を及ぼしたのがスピノザだろう。情念とは、人を苦しめるものだ。しかし、スピノザが「能動感情（actio）」というとき、情念を免れるという道筋だけを考えていたはずがない。

情念とは情報（information）なのだと思う。ジルベール・シモンドン（一九二四〜一九八九）は個体化と情念と情報という三者の結びつきを見抜いた。ここにも一つのヒントがある。シモンドンは、情報という冷たくて無機的な概念を中世以来の伝統の流れに連れ戻して情報に生気を吹き込んだのだ。だからこそ、ジル・ドゥルーズに大きな影響を及ぼしたのだろう。

以下に書くことはシモンドンの考えではなく、彼から得たインスピレーションでしかない。情念の対象となるものは、内容（コンテンツ）だけではなく、手続き（プロシージャー）をも含む。コンテンツだけでは認識の対象（命題の内容）でしかなくて、手続きまで含むことで情念の対象となる。認識や真理にはそれ自体では優先順位はない。価値や情念とは結びつかない。しかし、生きられる世界は物事の進行や事物の選択において優先順位や順序が付けられているし、それがなければ物事の実践的秩序は崩壊してしまう。世界は、価値の序列に組み込まれた場合においてのみ、行動が可能な領野となる。

価値は理性や分別によって並べられる。そして行動計画が立てられる。しかし目的も事物も人間も生成消滅し、価値の序列を組みなおしていなければならない。情念は価値の序列とは別な仕方で、優先順位をつける。

情念が設定する優先順位とは、多くの場合手順や順番上の優先順位であり、したがって手続きに関する計画の変更を含んでいる。「表象」とは私が大事にする概念だ。表象とは意識されようがされるまいが、〈私〉という実体に含まれているすべての存在者のことだ。そして、その表象は内容を持つだけでなく、内容と手続きを必ず含んでいる。

そして、情念ということで大事なのは、情念が手続きを含んでいることだ。情念とは物事を引き起こす心のざわめきのことだ。情念には、「他のことに先駆けてこれをしろ」という手続き命令が含まれている。手続きを頭で覚えているだけで表象が出てきていなければ情念は湧かないのである。

情念は、対象が善であれば接近獲得し、悪であれば排除か避難するものだが、その手段において困難さや障害が生じる場合がある。予想外の出来事（偶然事）や他者の邪魔や攻撃などである。そういったものに向けられるのが、情念の中でも代表的情念である「怒り」である。

激しい大きな怒りは、自己をも他者をも破壊してしまう場合もある。しかしそこには、合理性とは対立するように見えて、大きな合理性を担う姿が見られる。これは「悲しみ」や「憎しみ」においても同じことだ。

情念とは、会議に喩えれば、「緊急動議」に似ている。もちろん、却下される場合もある。通常の議事進行に対しては、議論のレベルが違ったり、内容が空疎であったり、いろいろあるが、大事なのは、合理的な議事進行に対して、緊急動議として差し込まれることである。

情念は確かに副次的システムであり、メインとなる合理的システムは、特定の目的に向けて効率的に設計されている。しかしながら、突発的状況や偶然性に対応するのが苦手である。

情念とは、突発的事態に対して、それが有害な場合も、有益な場合も、それの害悪に応じて対応する能力である。それらは予知可能性の外部にある。

情念は予想されなかった事態を緊急に組み込み、価値の序列を変更し、計画をも修正する機会となっている。そのためには、予定通りに進んだ場合には、強い進行力を有する合理的な歩みを強力に、瞬間的に停止させ、そのためにシステムが一瞬混乱状態に陥らせようと、緊急に歩みを変更させる力を持たなければならない。情念は受動（passio）ではなく、むしろ未来に向けた能動的行為なのである。スピノザは、それを能動感情（actio）と呼んだのである。

情念は、存在の中にあるということが必然的にもたらす心のざわめきである。スピノザの倫理学は、決して受動＝情念を消滅させよと語っているのではない。

過去への後悔とは、存在の中にある以上必然的な過去からの残響に生じる存在の応答なのであり、〈いま・ここ〉を経由して、未来に流れていく響きなのである。過去を消し去ることによって過去と和解しようとすることは、時間を持たない存在者である天使になろうとすることだ。過去と和解するということは、天使ではない存在者としての人間の地位にとどまり、過去・現在・未来という時間の中で、過去が現在の源流・起源であることを認識し、受け止めることなのである。

本書は、大和書房の林陽一さんの発案による。林さんが『小さな倫理学入門』（慶應義塾大学出版会、二〇一五年）を読んで、基本テーマを提案してくれた。新海誠『君の名は。』は、二〇一六年八月公開だった。モチーフが重なりますね、と言ってくれた。私が『君の名は。』を観たのは翌年三月で、もっと早く観ておけばよかったと後悔しきりであった。

本書の執筆は、いろんなことを考える機会となった。記憶や過去と倫理学の結びつきはこれまであまり考えられてこなかったことに気が付いた。規則を設定して、未来に向けて行動を規制する原理として倫理学が考えられてきたためかもしれない。倫理学が過去とどう向き合うのか考えるための機会を与えていただいた。また、ハーストハウスの『徳倫理学について』が過去と倫理学の関係を考えるうえで決定的に重要な著作であることに改めて心を引き寄せられた。この重要な著作の意義を強調しておきたい。そして、最後に林陽一さんの熱意に深く感謝の言葉を捧げたい。

二〇一八年三月　桃の節句の陽光の中で

山内志朗

山内志朗（やまうち・しろう）
1957年生まれ。山形県出身。慶應義塾大学文学部教授。東京大学大学院博士課程単位取得退学。専門は中世哲学・倫理学。主な著書に『普遍論争―近代の源流としての』（平凡社）、『天使の記号学』（岩波書店）、『「誤読」の哲学―ドゥルーズ、フーコーから中世哲学へ』（青土社）、『小さな倫理学入門』（慶應義塾大学出版会）、『湯殿山の哲学―修験と花と存在と』（ぷねうま舎）、『目的なき人生を生きる』（KADOKAWA）など多数。

過去《かこ》と和解《わかい》するための哲学《てつがく》

2018年4月1日　第1刷発行

著者　山内志朗《やまうちしろう》
発行者　佐藤 靖
発行所　大和《だいわ》書房
東京都文京区関口1-33-4
電話 03-3203-4511

カバーデザイン　川谷康久（川谷デザイン）
装画　植田たてり
本文DTP　朝日メディアインターナショナル
編集　林陽一（大和書房）
本文印刷　シナノ
カバー印刷　歩プロセス
製本所　ナショナル製本

ISBN978-4-479-39305-4

http://www.daiwashobo.co.jp/